Ludovico Maria Sinistrari

(1622-1701)

TRATADO DA SODOMIA

No qual é exposta uma nova doutrina sobre a sodomia das mulheres, distinta do tribadismo

Tradução: Mauro Baladi

Edições Guinefort

EDIÇÃO ORIGINAL: De sodomia tractatus, in quo exponitur doctrina nova de sodomia foeminarum a tribadismo distincta (Veneza: Hieronymum Albriccium, 1700).

EDIÇÃO UTILIZADA: De la sodomie — Exposé d'une doctrine nouvelle sur la sodomie des femmes, distinguée du tribadisme (Paris: Bibliothèque des Curieux, 1921).

AUTOR: LUDOVICO MARIA SINISTRARI (1622-1701)

TÍTULO: TRATADO DA SODOMIA

TRADUÇÃO: MAURO BALADI

1ª EDIÇÃO

RIO DE JANEIRO: EDIÇÕES GUINEFORT, 2019

ISBN: 978-1795177924

INTRODUÇÃO

AS NINFAS INSACIÁVEIS DO
PADRE SINISTRARI

Como eram resolvidos os problemas de relacionamento conjugal, as questões de gênero e todas as inumeráveis complicações relacionadas à sexualidade humana antes da invenção da psicanálise? Pois bem, muito antes que o divã freudiano desse aos nossos traumas, desejos sublimados, obsessões e perversões um estatuto pseudocientífico, o lugar privilegiado para tais manifestações era o confessionário (um sistema bem mais rápido e barato, apesar de oferecer resultados igualmente duvidosos).

Por longos séculos, a assistência psicológica às vítimas das inúmeras mazelas provocadas pela sexualidade foi prática quase exclusiva dos sacerdotes, e os estudos sobre esse tema estiveram praticamente reservados aos teólogos. Quase sempre limitados ao conhecimento teórico (pelos deveres do ofício), os insignes religiosos costumavam compensar as limitações impostas pelas exigências da Igreja através de uma riqueza de imaginação digna dos mais siderados adolescentes dos nossos dias.

Tendo seu contato com o sexo feminino resumido às freiras e beatas, é compreensível que, para quase todos os padres católicos, a imagem da mulher evocasse algo de assustador, de perigoso, de maléfico e até mesmo de inútil. Afinal de contas, para um padre mais ortodoxo, restavam apenas duas alternativas: ou as mulheres representavam um desejo proibido ou, na maior parte dos casos, criaturas totalmente dispensáveis (até mesmo para o exercício da sexualidade).

A identificação da mulher com tudo o que existe de mau não é algo que tenha nascido no mundo moderno, com a instituição dos testes de DNA e das pensões alimentícias, ou em alguma convenção de estilistas. A mitologia, a história universal e as fofocas de botequim estão cheias de referências à obstinação das mulheres em destruírem a vida dos homens – e mesmo a humanidade por inteiro. De Eva a Pandora, de Helena de Troia a Messalina, de Cleópatra às nossas ex-esposas, muitas foram as mulheres que causaram prejuízos irreparáveis à civilização e aos automóveis de seus maridos.

Entre   tantas   crueldades   e   horrores

produzidos pelo sexo feminino, muitos permaneceram por longos séculos mergulhados na obscuridade, pela falta de homens sérios e respeitáveis que ousassem chafurdar nestes piscinões de podridão. Porém, com a autoridade moral do sacerdócio e o apoio incondicional da Igreja, um erudito teólogo do século XVII, o padre italiano Ludovico Maria Sinistrari (1622-1701), rompeu com o silêncio cúmplice em torno daquilo que se constitui na mais repulsiva forma de devassidão feminina: a sodomia.

Considerada, pelos ingênuos, como uma forma de pecado exclusivamente masculina ou, no mínimo, sempre envolvendo homens, a sodomia pode ser definida como um coito "contra natura", no qual um desvio de alguns centímetros conduz a um caminho sem retorno para as profundezas do Inferno. Porém, aquilo que já representava um horror na sua forma mais simples, atinge graus de abominação cósmica quando praticado ativamente pelas mulheres (destinadas, pelo próprio Deus, à passividade, sobretudo naquilo que se refere à sexualidade). A tola presunção de que a ausência de um pênis pudesse incapacitar o sexo frágil para tais práticas evapora-se diante da descoberta fantástica do clitóris (órgão que, pela sua própria conformação bizarra, só pode ser uma contribuição zombeteira do demônio à obra da criação). Assim, se alguns homens (como, por exemplo, os próprios padres) têm pênis que não são utilizados, não é tão surpreendente que as mulheres utilizem aqueles que não possuem.

Consciente do seu dever como um importantíssimo teólogo e jurista (já que foi consultor do tribunal da Santa Inquisição, em Roma, e redator dos novos estatutos da Ordem dos Franciscanos), o padre Sinistrari empreende uma obra destinada ao esclarecimento dos seus pares, muitas vezes despreparados para lidar com problemas de tamanha gravidade. Por isso, este tratado que estamos apresentando (e que integrava uma obra bem mais ampla, sobre os delitos e as penas, publicada originalmente em 1700) é elaborado como uma fonte de consulta técnica, levantando diversas questões e apresentando - de forma crítica e edificante - os variados pontos de vista dos maiores representantes do direito canônico e do laico.

Para nós, leitores modernos, este pequeno tratado (escrito originalmente em latim, língua que dignifica qualquer tema) adquire um interesse bem mais amplo e diverso do que tinha para os seus contemporâneos. Hoje, quando a prática da sodomia já se mostra um tanto banalizada até dentro da própria Igreja católica, e quando a tortura perdeu muito do seu prestígio (depois de milênios de bons serviços prestados aos tribunais e às instituições religiosas), é de enorme importância histórica e sociológica o conhecimento dos valores, dos costumes, dos preconceitos e das manifestações do imaginário dos velhos tempos que não voltam mais (não voltam mesmo?) – sem falar, é óbvio, no riquíssimo quadro sobre a condição feminina anterior às subversões da Revolução Francesa.

Nesse aspecto, o padre Sinistrari nos desvenda fatos que costumam – por pudor, por ignorância ou por falta de espaço – estar ausentes da história convencional. Assim, vemos referências à forma primitiva da camisinha ou ao uso de complementos sexuais por mulheres menos conformistas, além de conhecermos o ponto de vista concreto da Igreja sobre o comportamento sexual de seus ministros (bem mais complacente que o dos discursos oficiais).

Para os progressistas e demais militantes das ilusões sociais, muitas das coisas que podemos ler nesta obra parecerão absurdas, ridículas, monstruosas ou insanas. Porém, temos certeza de que o padre Sinistrari pensaria a mesma coisa do mundo em que vivemos, se tivesse o desprazer de conhecê-lo. Se os súcubos e íncubos já não fazem parte do nosso cotidiano noturno, é porque provavelmente fugiram deste planeta, ruborizados com a nossa anêmica devassidão. Quanto às mulheres sodomitas, talvez elas ainda estejam por aí, à espera do momento em que o último homem deste mundo assine a sua ficha de inscrição num curso de decoração de interiores...

Mauro Baladi

AVISO[1]

O tratado *De Sodomia* foi extraído da grande obra do padre Sinistrari[2], *De delictis et poenis*, publicada em Roma em 1754[3]. Ele pertence ao gênero denominado *moechialogico*[4] ou pornoteológico, no qual se ilustraram – entre os apóstolos da Igreja – São Paulo, São Crisóstomo, Santo Agostinho e tantos outros, até o jesuíta Sanchez[5] – cujo *Tractatus de Matrimonio* era considerado como autoridade junto aos confessores para solucionar as tão delicadas e tão complexas questões das relações sexuais no casamento.

Nosso tratado ocupa-se de matérias mais específicas, mas com um tão malicioso conhecimento de causa que nos

---

[1] Da edição bilíngue francesa (Paris, Bibliothèque des Curieux, 1921). [N. do T.]

[2] Ludovico (ou Luigi) Maria Sinistrari nasceu na Itália, na localidade de Ameno, região de Novara, no dia 26 de fevereiro de 1622. Estudou letras em Pávia e entrou para a Ordem dos Franciscanos em 1647. Foi professor de filosofia e teologia, desfrutando de algum renome, mas interessou-se principalmente pelo estudo do direito (tanto canônico quanto civil). Foi consultor do Supremo Tribunal da Santa Inquisição, em Roma, e encarregado da redação dos novos estatutos da sua Ordem, falecendo em 6 de março de 1701. [N. do T.]

[3] *De delictis et poenis tractatus absolutissimus*. Roma: In domo Caroli Giannini, In Platea Capranicensi, 1753-1754 (em três partes). A edição original foi publicada em Veneza (Hieronymum Albriccium, 1700). [N. do T.]

[4] Que se refere ao estudo do adultério. [N. do T.]

[5] Tomás Sanchez (1550-1610). [N. do T.]

pareceu merecer uma reimpressão, mesmo depois da do erudito Isidore Lisieux (Paris, 1879-1883).

DA SODOMIA

1. Depois da voluptuosidade[6], no gênero dos vícios contra a natureza, vem a sodomia (que é maior em gravidade). Esse delito é chamado por Gregório Lopez de *pecado mudo*, porque ele choca os ouvidos honestos, a ponto de que seja detestável falar nisso. Daí sua qualificação vulgar de *vício abominável* e de *vício inominável*, e também porque Sodoma (de onde vem a palavra *sodomia*) significa *muda* (como escreve Nicolaus Gorranus[7]). Assim, o Imperador, na lei que condena esse crime, emprega alguns termos muito elegantes, sem dúvida, mas tão obscuros que pouco falta para que o sentido da lei não possa ser apreendido. Ele preferiu, sem dúvida, que a lei não fosse compreendida pelos ignorantes, a ter que falar claramente do mais imundo dos delitos. E ainda que – na significação que indiquei – esse crime seja *mudo*, no entanto ele é dotado de uma voz tão poderosa que sobe até ao Céu, incitando ao castigo os ouvidos da Justiça Divina. *O clamor de Sodoma e Gomorra chegou até mim*, declarou Deus no *Gênese*; *eu descerei e verei se as*

---

[6] Pelo sentido do texto, o padre Sinistrari utiliza esse termo como sinônimo de "masturbação". [N. do T.]

[7] Teólogo dominicano francês (1232?-1295). [N. do T.]

coisas cujos clamores chegaram até mim foram efetivamente cometidas.

2. Ora, falando *regularmente*, esse crime é o *coito no orifício posterior*. Eu disse *regularmente*, porque a sodomia é cometida mesmo entre as mulheres, quando essas se introduzem no orifício anterior, como direi mais adiante. Porém, esta espécie de sodomia deve necessariamente ser mais rara do que a sodomia que é cometida pelos homens. Essa última é a mais frequente; e eis porque eu disse *regularmente*. Aliás, não é preciso distinguir se o coito é praticado com uma mulher ou com um homem; porque com a mulher existe verdadeira sodomia, assim como dizem os doutores. É por isso que Clarus – de acordo com Gomez – relata que um homem foi queimado com sua mulher, que ele havia possuído sodomiticamente.

3. A perfeição desse crime é constituída pela ejaculação no orifício posterior: porque a introdução do membro no ânus não é o suficiente, se não existe a seminação (como escrevem os doutores, com relação a um determinado capítulo). Aquilo que digo, todavia, é relativo somente à essêŋcia do delito. Quanto à questão de saber se a simples introdução do membro, sem ejaculação, é o bastante para que se incorra nas penas ordinárias, é o que examinaremos mais adiante.

4. Esse crime é um dos mais atrozes e, na opinião de alguns, é uma espécie de homicídio (como, de acordo com Marcílio Ficino, escreve Bonacossa). Não é, certamente, porque o esperma derramado tenha uma alma (assim como, por erro, afirmou João Marcos – citado por Caramuele –, cuja opinião, de acordo com o relato de Raynaldus, foi condenada pela Congregação do Santo Ofício), mas porque a procriação do homem é impossível quando a semente é lançada em um local estéril, onde ela de forma alguma pode nascer, como elegantemente escreveu Platão no seu livro das *Leis*. Platão diz: *Ordeno que se abstenham dos varões, porque aqueles que fazem uso deles destroem deliberadamente a raça humana, semeando sobre uma pedra na qual aquilo que é semeado jamais poderá criar raízes*. Essa passagem prova sem contestação que Platão não tinha esse vício infame que desonra tão vergonhosamente os outros filósofos (assim como escreveu Emmanuel de Valle, citado por Barbosa) e que ele não estava manchado por este pez que conspurcou todos os césares (cujos vícios foram descritos por Suetônio[8]) e todos os romanos de um modo geral. Estes últimos levaram tão longe a loucura desta ignóbil paixão que celebraram algumas bodas entre varões, como podemos ver na obra de Juvenal (na qual Graco é violentamente atacado por ter se casado com um flautista) e em Marcial, no livro XII dos *Epigramas* (*De Callistrato et Aphro sponsis*).

5. É duvidoso que esse crime, cometido entre consanguíneos ou entre parentes por aliança nos graus proibidos para o casamento, adquira uma malícia que deva necessariamente ser desvelada em confissão. Azorius e Graffius – citados por Diana – são pela afirmativa. Cajetan e Sylvius parecem ter sido da mesma opinião. Floronus, Tinellus e Diana são pela negativa. Eu me apego a esta última opinião e sou levado a isso por esta razão, muito poderosa: o vício do incesto foi introduzido no direito pela lei positiva divina, entre o homem e sua enteada, entre o homem e as filhas de sua enteada, entre o homem e suas irmãs, entre o homem e suas netas nascidas de seu filho, entre o homem e as suas sobrinhas nascidas de seu irmão ou de sua irmã, entre o

---

⁸ Na obra *Vidas dos doze Césares*. [N. do T.]

homem e suas tias por parte de seu pai ou de sua mãe, entre o homem e suas noras, e entre o homem e as irmãs de sua mulher (de acordo com o que pode ser deduzido do *Levítico*). Todavia, no direito natural, esses graus não são tão peremptoriamente proibidos que não possa ocorrer uma dispensa concedida, por motivo legítimo, pelo soberano pontífice (assim como foi decidido *de fide*[9] pelo Concílio de Trento). Quanto à proibição dos outros graus, ela foi introduzida apenas pela autoridade da Igreja. Sem a lei eclesiástica, o incesto não existiria. Em consequência disso, como não se encontra em parte alguma uma lei canônica decidindo que a cópula sodomítica entre parentes seja incestuosa, não há motivo para se criar um novo pecado de espécie diferente e que deva absolutamente ser revelado na confissão.

6. O crime sodomítico foi trazido ao mundo pelas mulheres, de acordo com o que pensaram alguns autores – provavelmente por causa de um texto de *São Paulo aos Romanos*. Falando das punições infligidas por Deus aos filósofos, ele diz: *Porque depois de terem conhecido Deus, eles não o*

---

[9] De fé, com base na fé. [N. do T.]

glorificaram como Deus; suas mulheres trocaram o uso natural por um outro que é contra a natureza. De acordo com o que diz Cornélius, esse gênero de devassidão foi imaginado por uma certa Filênis, e causou a desonra da poetisa Safo[10] – aquela que inventou o verso sáfico. Mas eu não penso que isso seja exato, porque, antes da época em que dizem ter vivido essa Filênis, nós sabemos, através das Escrituras, que ocorreu a destruição de Pentápolis[11], maculada por esse vício (como podemos ver no *Gênese*, capítulo 19). É verdade, no entanto, que nessa passagem só se faz alusão ao pecado abominável cometido pelos varões. Seria possível, portanto, que a sodomia entre as mulheres só tivesse começado muito tempo depois, com a grega Filênis.

7. Todos os moralistas tratam desse vício ignóbil entre mulheres, e eles ensinam que uma verdadeira sodomia pode ser cometida entre mulheres. De que maneira? Ninguém – pelo que eu conheça – explica isso. E não é possível acreditar que seja indiferente conhecê-lo ou ignorá-lo, ou

---

[10] O comportamento progressista dessa mulher é a provável origem do termo "safadeza". [N. do T.]

[11] Nome dado, na Bíblia, ao conjunto das pervertidas cidades de Sodoma, Gomorra, Seboim, Adama e Segor, que ficavam no litoral do Mar Morto e que foram destruídas pela ação moralizadora da cólera divina. [N. do T.]

que exista aí apenas um motivo de curiosidade censurável. Com efeito, na prática, é necessário, para os confessores, poderem discernir entre o caso em que as mulheres, através de toques, provocam apenas entre si a volúpia voluntária e aquele no qual elas incorrem no crime sodomítico. E isso, a fim, por um lado, de poderem emitir o julgamento requerido sobre a gravidade do pecado e, por outro, de saberem se eles podem ou não absolvê-las, nos países onde a sodomia está reservada. Consultei – e não apenas uma vez – os homens mais doutos e os mais consumados na administração do sacramento da penitência. Todos me responderam sinceramente que eles consideram – tal como a maior parte dos moralistas – que a sodomia é cometida entre mulheres. Porém, naquilo que esta sodomia pode diferir da poluição produzida pela fricção mútua das partes vergonhosas, é o que eles dizem ignorar completamente.

8. Vicente Filliucius – assim como São Tomás e Cajetan – diz que, para estabelecer a diferença entre a sodomia e a voluptuosidade, é necessário que exista o coito no orifício não natural. Eis aqui as suas palavras: *Em terceiro lugar, disse* coito, *a fim de distinguir da volúpia obtida mutuamente entre macho e macho ou entre fêmea e fêmea. Porque se o desejo* *do gozo venéreo fizesse procurar apenas o comércio carnal, sem que houvesse coito, isso seria simples voluptuosidade e não sodomia, como diz Cajetan (artigo II, na segunda dúvida). Ora, o coito é a cópula carnal consumada – naturalmente, se é no orifício exigido; inaturalmente, se é no orifício proibido.* E pouco depois ele repreende Angelus e Graffius, de acordo com os quais *a sodomia é a torpeza cometida sobre um varão.* Além do mais, esta definição não está mais completa, porque a sodomia pode apresentar-se entre mulheres, assim como está provado de acordo com São Tomás (geralmente citado na passagem indicada).

9. Sabemos agora, portanto, que uma verdadeira sodomia é cometida entre mulheres e que ela não pode ser produzida senão pelo coito. Ora, como uma mulher pode copular com outra mulher, de modo que, esfregando-se assim uma contra a outra, seja possível dizer que elas estejam exercendo a sodomia? E como, por outro lado, ao esfregarem-se uma contra a outra, elas serão consideradas como sendo culpadas apenas de voluptuosidade? A explicação para essa dúvida é o nó da dificuldade. Segundo alguns autores, se a mulher íncubo se estende sobre a súcubo e se, em seus remeleixos recíprocos, ocorre que a semente da íncubo seja projetada no orifício natural da súcubo, então existe a sodomia. De outro modo, se a semente não é recebida no dito orifício, existe somente a voluptuosidade.

10. Porém, esta opinião não tem nenhuma probabilidade. Todos aqueles que leram – mesmo que superficialmente – alguns livros de anatomia sabem que é impossível que a semente da íncubo possa ser ejaculada no orifício da súcubo. Porque o esperma da mulher, caído dos testículos, é ejaculado pelos espíritos seminais no útero, como em um lugar que a natureza fixou-lhe para permanecer, e para que, misturado ao esperma do homem, ele engendre o feto. Se a mulher está grávida e se o útero para onde ele se dirige está obstruído em todas as suas partes, o sêmen – por meio dos canais que existem na cabeça do útero, é conduzido até o colo e eliminado ao mesmo tempo que a urina. De onde se segue que a força de projeção dos espíritos seminais cessa logo que o sêmen caído dos testículos é levado para o útero ou até a vagina, e que se ele tivesse que escorrer para fora do colo do útero e da dobra do pudor, isso só poderia ser pelo próprio peso do esperma, com a mulher estando de pé. Os espíritos seminais, com efeito, cessaram, como já dissemos, de mover o esperma. Se, portanto, duas mulheres estão dormindo juntas, uma íncubo e a outra súcubo, é impossível que o sêmen da íncubo possa ser injetado ou penetrar no orifício da súcubo. E se examinarmos bem o intermediário que o Autor da natureza modelou para permitir que os machos levassem o sêmen até o local requerido para a geração – intermediário do qual as fêmeas estão privadas – concluiremos que esta hipótese da transfusão do esperma feminino não passa de uma quimera.

11. Segundo outros autores bastante numerosos – e até mesmo de acordo com a maioria – esse coito se realiza por meio de um instrumento de vidro, de madeira, de couro ou de qualquer outro material, fabricado a partir do modelo do membro viril. Depois de tê-lo amarrado entre as suas coxas, a mulher íncubo penetra na súcubo. Essa era a opinião de Antonio Gomez, citado por Clarus (que não a contradiz). Ele declara que a pena de morte que merecem, de acordo com o direito comum, essas mulheres fricatrizes (as quais, de acordo com uma antiga palavra grega, eram chamadas de *tríbades*, como escrevem Lubino e Cornélius) é, segundo a lei *foedissimam* (capítulo *de Adulter*), aplicável quando o comércio carnal que essas mulheres têm juntas não consiste simplesmente na esfregação, mas em servir-se de algum instrumento material – de madeira ou de vidro, por exemplo. Ele relata, sobre esse assunto, um grande número de casos e afirma particularmente que ouviu dizer que duas freiras culpadas desse crime haviam sido queimadas.

12. Raynaldus também tem o mesmo ponto de vista. Ele cita uma grande quantidade de autores que sustentam igualmente esta opinião, e Eilhardo Lubino, no seu *Comentário* da sexta *Sátira* de Juvenal, na qual são infamadas as impudicíssimas cerimônias da deusa Bona[12] (entre as quais estava a torpeza sodomítica das mulheres) diz: *Essas tríbades ou fricatrizes serviam-se de um δόλισόω, ou seja, de um falo de couro que lhes servia para penetrarem-se reciprocamente, como os homens penetram nas mulheres.*

13. Esta opinião é ao mesmo tempo falsa e indigna de ser sustentada por homens sensatos. Mesmo admitindo-se que, por instigação da malícia humana e de uma depravação obscena – sugerida pelo Demônio – semelhantes instrumentos tenham sido inventados e empregados para

---

[12] Na mitologia romana, esposa de Janus. Era uma divindade privativa das mulheres. [N. do T.]

auxiliar na imundície desenfreada de algumas mulheres, não se segue que as mulheres que se manipulam desta maneira possam ser acusadas de estarem cometendo sodomia. A razão, que é verdadeiramente irrefutável, é que – como já ensinamos, de acordo com São Tomás, Cajetan e Filliuccius, citados mais acima (n° 8) – a sodomia se distingue essencialmente da voluptuosidade pelo fato de que nesta última não intervém o coito, que intervém na outra. Esse coito pode ser a conjunção de um homem com outro homem ou com uma mulher no orifício posterior, ou a conjunção de uma mulher com outra mulher no orifício natural ou não natural (conjunção essa que é possível e que ocorre, de fato, entre as mulheres e mesmo com um homem súcubo, como eu demonstrarei mais adiante). Ora, semelhante conjunção se produz através desses membros do corpo por intermédio dos quais o macho e a fêmea são dois em uma mesma carne: porque, por mais que alguém queira introduzir seu dedo no orifício anterior ou no orifício posterior de uma mulher ou de um homem, os dois agentes não poderão de nenhuma maneira ser considerados como estando em conjunção, tal como se entre eles houvesse cópula ou coito carnal, mesmo que o dedo seja parte do membro de um corpo vivo, e ele próprio vivo, e mesmo que a introdução do dedo seja seguida por uma efusão de sêmen – apenas por um dos agentes ou por ambos. Como, portanto, será possível dizer que existiu coito ou cópula entre mulheres quando elas se servem assim de um instrumento inanimado que não é uma parte delas mesmas e que não está ligado a elas de nenhuma maneira? Que se, nesse caso, não havendo coito nem cópula, de nenhuma maneira haverá sodomia, já que a sodomia exige necessariamente o *coito*. Não haverá aí mais do que simples volúpia, à qual se soma, todavia, uma qualidade agravante, mas que não modifica de modo algum a espécie do delito – tal como resultaria da introdução do dedo. Será possível dizer que um homem copula com uma mulher se ele introduz no orifício da mulher seu falo protegido por uma tripa de porco (tomei conhecimento, em confissão sacramental, desse procedimento, empregado por um homem que dormia muitas vezes com a sua amante e que, para não engravidá-la, fazia uso desta invenção), quando o sêmen é receptado na película que interrompe a sua projeção para o útero? Certamente que não, porque essa tripa separa os corpos. Ela faz a intermediação entre eles e, por isso mesmo, não é possível considerar que eles tenham copulado juntos. Portanto, por analogia, em nenhuma condição será possível dizer que uma mulher copulou com outra mulher, ainda que a íncubo introduza um falo de couro, quer seja no orifício natural ou no orifício posterior da súcubo. Além disso, se são encontradas algumas mulheres que penetram nos rapazes – como escrevem uma grande quantidade de doutores citados por Farinaccius e como relataremos mais adiante, de acordo com Sêneca – será que elas se servem, para semelhante crime, de um falo de vidro ou de couro? Isso posto, seria possível dizer que elas exercem a sodomia quando introduzem um semelhante instrumento no orifício do macho? Que volúpia elas poderiam experimentar com isso, que justificasse o fato de que elas se precipitem em um tão enorme crime? Segue-se daí, portanto, que a sodomia das mulheres é cometida de uma maneira diferente daquelas que nós acabamos de expor.

14. Ora, eu digo que uma verdadeira e perfeita sodomia ocorre entre mulheres, mas – no entanto – ela não pode ser ativamente possível para todas as mulheres, mas somente para algumas. As romanas – escreve Sêneca – pelo efeito da ociosidade e da riqueza, tiveram tanta sanha por esta depravação que elas faziam isso não somente com as outras mulheres, mas também com os homens. Ele diz, com efeito: *As mulheres, depois de haverem se igualado aos homens* *em licenciosidade, os igualaram também nos vícios dos corpos viris. Elas não passam menos noites em claro e nem bebem menos do que eles: com a ajuda do óleo e do vinho, elas provocam os homens e não perdem para os varões em luxúria (elas, que nasceram passivas). Que elas sejam castigadas pelos deuses e pelas deusas! Chegou a tal ponto esse inusitado refinamento de impudícia, que elas penetram nos homens!* Como isso ocorre e como isso pode ser possível é o que eu vou dizer.

15. No corpo feminino encontra-se uma parte que os anatomistas chamam de *clitóris*. Esta parte é composta dos mesmos elementos que o pênis do homem, ou seja, de raízes, de artérias, de carne, etc. Ele também tem a forma do pênis quando está inchado. O clitóris, com efeito, fica entumescido pelo movimento dos espíritos seminais. Ele é provido, como o pênis, de uma glande. Na extremidade da glande existe um furo que, todavia, só está perfurado até à metade do corpo do clitóris e através do qual não se vê sair nada — nem urina, nem esperma e nem qualquer humor. O clitóris está localizado no *pudendum* da mulher, acima do meato urinário. Ele está coberto pelas ninfas[13], ou seja, por dois

---

[13] Os pequenos lábios da vagina. [N. do T.]

corpúsculos que são contíguos ao dito meato e que estreitam a passagem da urina para que, por causa desse estreitamento, a urina seja projetada para longe. Ora, entre as mulheres, o clitóris é o órgão do gozo venéreo. Eis porque alguns o chamam de *Doçura de Amor* e de *Moscardo de Vênus*, como escreveu Thomas Bartholinus em suas exatíssimas *Tabelas anatômicas*, onde fomos buscar esses detalhes e os seguintes.

16. Em todas as mulheres encontra-se o clitóris, mas nem todas o têm a descoberto ou saindo para fora do orifício do pudor: observa-se somente uma espécie de pequena saliência naquele lugar do corpo da mulher onde se oculta o clitóris. E esta saliência sobressai, sobretudo, acima das partes vizinhas quando, pelo efeito da estimulação venérea, o membro em questão está inteiramente entumescido. Na Etiópia e no Egito, escreve Bartholinus, todas as mulheres têm o clitóris para fora. Ele pende como um pênis e os parteiros têm o costume, quando nascem as garotinhas, de queimar-lhes o clitóris com um ferro em brasa, para interromper seu crescimento exagerado e para que ele não impeça a aproximação dos homens. A circuncisão das mulheres, realizada nesse membro, é para os abissínios uma cerimônia religiosa – segundo diz esse mesmo autor. Na Europa, ao contrário, o clitóris só se desenvolve em algumas mulheres: naquelas que, pela abundância de calor e de semente, possuem espíritos seminais vigorosos que incham o clitóris e fazem com que ele saia para fora das ninfas; e também naquelas que, na sua infância, manipularam as suas partes genitais, aguilhoadas por precoces e pruriginosos desejos. Ora, em algumas mulheres, o clitóris é grande como o dedo médio da mão. Em outras, ele é mais grosso, a ponto de que, de acordo com Bartholinus (na segunda edição, passagem citada), tenha existido em Veneza uma cortesã cujo clitóris tinha o tamanho do pescoço de um ganso.

17. O clitóris pode aparecer numa outra época que não a infância – por exemplo, na juventude – e isso por causa do afluxo dos espíritos seminais que enchem com tanta violência os nervos do clitóris que, arrebentando a finíssima membrana pela qual está recoberto, ele emerge para fora.

Eis aí, creio eu, aquilo que ocorreu com essas mulheres que, segundo alguns escritores, foram transformadas em homens. Assim como aconteceu com esta mulher de

Spoleto[14], da qual fala Tito Lívio; assim como esta virgem – ainda sob a tutela de seus pais – que, em Monte Cassino, foi transformada em rapaz, segundo Plínio; assim como essas duas filhas de Ludovico Guarna de Salerno, que foram transformadas em homens, de acordo com o relato de Fulgosius; e, por fim, assim como esta Maria Pacheca, na qual o falo cresceu no período em que as mulheres têm as suas regras, segundo o que escreveu Amado Lusitanus. E, com efeito, uma mudança de sexo não pode de maneira nenhuma se produzir. Os órgãos da geração são, nos homens, muito diferentes na forma, na figura, na substância e no posicionamento, dos órgãos correspondentes da mulher – como sabe mesmo aquele que não tem senão um conhecimento superficial das observações anatômicas.

Portanto, as moças que foram consideradas como tendo se transformado em varões são aquelas nas quais o clitóris se desenvolveu tal como nós dissemos, e que as pessoas estranhas à anatomia acreditaram terem se tornado homens, através de uma mudança de sexo. Aquilo que eu digo é evidente, porque nos indivíduos em questão não se viu aparecer nem o escroto – com seus testículos – e nem a

---

[14] Cidade italiana localizada na região da Úmbria. [N. do T.]

barba com a voz de homem, da mesma forma como não se viu desaparecer a fenda do sexo feminino. Esta fenda persistiu constantemente, só o clitóris se desenvolveu e, por causa de sua semelhança com o falo, acreditou-se que ele era um falo viril, nascido da metamorfose do sexo.

18. Que se, dentre essas mulheres das quais se conta terem sido transformadas em homens, existem algumas que se pretende terem se casado, terem procriado filhos, terem adquirido a barba, a voz e o corpo do homem – assim como relata Hipócrates acerca de Phoetusa, mulher de Pithoeus, e como, segundo Mucianus, Plínio afirma de Arescusa, transformada em Arecons – isso é proveniente do fato de que essas mulheres eram andróginas. Na sua infância, o sexo feminino pareceu predominar nelas. Depois, o calor tendo se tornado mais forte e tendo se acrescido durante a adolescência, o sexo viril, por sua vez, predominou, e então o falo, oculto no corpo juntamente com o escroto e os testículos, fez sua aparição – sem, todavia, que a fenda feminina tivesse desaparecido. Nos andróginos ou hermafroditas, os dois sexos existem, como eu vi em uma criança de um ano em Pávia, em 1669. Sua mãe me contou que ela urinava ao mesmo tempo como homem e como mulher. E que tenham existido desses andróginos transformados em homens, assim como dissemos, é o que atesta Laurentius Beyerlinck – de acordo com Phlegone Tralliano, liberto do imperador Adriano (*lib. de Mirabilibus*). Porém, nas mulheres nas quais só o clitóris irrompe, a voz não se modifica, a barba não cresce e o escroto não se mostra. Só o clitóris pende no meio da fenda feminina, tal como se fosse um pequeno pênis. Foi o que aconteceu com esta freira, professa desde o seu décimo quarto ano de vida no convento da Paixão, da cidade de San Félix de los Galegos, diocese de Ciudad Rodrigo.

Barbosa teve que julgar o caso, mas acho que ele não conhecia esta teoria do clitóris. Porque, se ele tivesse consultado aquilo que os autores modernos escreveram sobre isso, ele teria intrepidamente afirmado que esta freira não havia trocado de sexo e que, por conseguinte, ela devia permanecer no claustro e confirmar os seus votos – tomando-se medidas, todavia, para que ela não pudesse cometer obscenidades com as outras freiras.

19. Porque algumas mulheres, na posse de um clitóris desta espécie, perseguem as outras mulheres – e, sobretudo, as mocinhas –, e pouco falta para atacarem os homens

– como testemunha Sêneca, na passagem citada mais acima (nº 14). Um confessor muito digno de fé disse-me que viu apresentar-se a ele, em confissão, o seguinte caso:

Uma dama nobre deliciava-se com um adolescente, que ela mantinha em sua casa na qualidade de favorito: ela relacionava-se com ele pelo traseiro e morria de amores pelo garoto. Esta mulher, que havia dado três filhos ao seu marido, recusava-se a deixar que ele se aproximasse e saciava sua paixão com esta criança de cerca de doze anos. O confessor acreditava, segundo o que ele me disse, que esta mulher era andrógina: ele não conhecia a doutrina que acabamos de expor sobre o clitóris.

20. Ao que precede vincula-se estreitamente o testemunho de Tiberius Decianus, de quem relataremos as palavras por extenso: "Uma mulher – diz ele – não pode ser deflorada e nem corrompida por uma outra mulher, a não ser que a sedutora possua, como acontece muitas vezes, em sua vulva um grande *nymphium*, ou seja, uma saliência carnosa ligeiramente proeminente, que pode se enrijecer como se fosse um pênis e através da qual as mulheres são incitadas ao coito como os homens, assim como afirma Paulo Aegineta". Galeno conta que os egípcios cortavam esta excrescência carnuda de todas as virgens, para deter seu crescimento e para impedi-las de manterem comércio carnal com as outras mulheres (Coelius, *Lection. Antiq.*, livro 18, cap. 8, quase no final). Safo, mulher libidinosa que inventou várias maneiras de fazer o amor, empregava – para satisfazer sua luxúria – suas servas Amitena, Telésipa, Megara, Átis e Cidno: é por isso que Ovídio faz com que ela diga, em sua *Epístola a Faon*[15]:

Mais nada representa, para mim, Amitena;

Mais nada é, para mim, a branca Cidno;

Átis, aos meus olhos, não tem mais o encanto de outrora.

Tal é o que assevera Decianus, repetido por Menochius e Sanchez, em Farinaccius. Esse último, após haver – na questão do crime de rapto – aderido à doutrina exposta, incorre no erro comum de acreditar que a sodomia das mulheres é cometida por meio de um instrumento material. Falando da pena por sodomia, ele diz: "Este aumento de pena" – ou seja, a morte, aplicável a uma mulher ou a um

---

[15] Mancebo pelo qual se apaixonou a poetisa Safo, num momento de descuido. [N. do T.]

homem que desempenhe a função de agente sobre uma outra mulher reduzida ao papel de paciente – "não ocorre quando a mulher relaciona-se com uma outra mulher apenas através da esfregação; acontece de maneira diferente se ela age com um instrumento material, de madeira ou de vidro".

21. Na passagem citada do texto de Decianus, a parte do corpo feminino que chamamos de clitóris, como os anatomistas, é chamada de *nymphium*. E o próprio autor atesta – de acordo com a sua experiência e com os médicos dos quais ele invoca o testemunho – que as mulheres servem-se dela para saciar sua infame depravação, como já dissemos. Não há, portanto, como duvidar por mais tempo da existência desse crime infame e inominável, cometido pelas mulheres com ambos os sexos. Ele é, na verdade, mais raro do que a sodomia dos varões – seja porque, na Europa, a irrupção do clitóris não é tão frequente, seja porque nem todas as mulheres cujo clitóris se desenvolve são submetidas a esta infame paixão e porque elas resistem à titilação sensual, por uma virtude de continência reforçada pela graça de Deus.

Eis, sobre esse tema, um caso que se apresentou em

Pávia, no ano de 1671: **Em um célebre convento daquela cidade aconteceu que, em uma honestíssima religiosa, o clitóris subitamente irrompeu.** Incomodada por este acidente muito desagradável, porque ele lhe causava graves tentações carnais, esta mulher mandou chamar um cirurgião, excelente prático, mas pouco versado em anatomia. O especialista, após haver tentado, mas sem resultado, os emolientes para reduzir a rigidez do clitóris – e vendo-o incessantemente em ereção – cortou-o, com grande perigo para a freira, que esteve a ponto de morrer por causa desta mutilação e que só recuperou a saúde depois de muitos meses. Foi o próprio cirurgião quem me fez esta confidência, e ele me confessou ingenuamente que havia decidido realizar esta operação porque, na época, não conhecia a teoria do clitóris. Ele só aprendeu-a mais tarde, nas *Tabelas anatômicas* de Bartholinus.

22. Dispostas essas premissas – um pouco longamente, talvez, mas era necessário – se saberá doravante de maneira precisa, quando duas mulheres se remexerem juntas, se elas são culpadas de simples volúpia ou se elas cometem uma verdadeira sodomia. Se, com efeito, elas se servem do clitóris, como está dito, em um ou outro dos orifícios femininos, elas cometem uma sodomia perfeita. Com efeito, embora a semente da íncubo não penetre de forma alguma na súcubo, o crime, no entanto, é perfeito no seu gênero: porque houve coito entre essas mulheres, e de tal espécie que dele não pode seguir-se a geração – duas condições constitutivas da verdadeira sodomia, como ensinamos mais acima (nº 8).

23. Portanto, graças a esta doutrina, os confessores poderão conhecer a espécie de crime cometido pelas mulheres, que são impedidas pela vergonha de se explicarem claramente, mas que se acusam dizendo somente que elas subiram em outras mulheres com gozo, ou que outras mulheres subiram nelas de forma semelhante. Um confessor pudico e prudente não ousa perguntar mais sobre isso e nem inquirir sobre as circunstâncias de um fato tão vergonhoso, sobretudo se as penitentes são virgens ou não casadas. Daí, para os confessores, existe um problema de consciência e ansiedade acerca da distinção do que é necessário fazer nesse crime – ou seja, se houve apenas volúpia, que é um caso da sua competência, ou sodomia, cuja absolvição é reservada. Se, portanto, a mulher diz que naquele ato ela foi íncubo, o confessor poderá lhe perguntar se alguma parte do seu corpo entrou no orifício da súcubo (eu chamo o clitóris de parte do corpo, e não de membro, porque ele é, com efeito, uma parte do membro feminino destinado à geração, do mesmo modo como o dedo não é um membro, mas uma parte de membro). Ela responde que sim? Então é evidente que ela cometeu uma sodomia. Senão, isso não passa de volúpia. De modo semelhante, ele poderá perguntar à súcubo se, no seu orifício, entrou alguma coisa da íncubo, e como. De acordo com a resposta, ele regulará o seu julgamento.

24. Do mesmo modo, se algumas mulheres foram acusadas de um crime desta espécie, o juiz deve fazer com que seus corpos sejam examinados por parteiras. Porque, se nelas é encontrado um clitóris, se está provado que as mulheres dormiram juntas e se existem circunstâncias que façam com que se acredite que houve o crime, milita contra essas mulheres a presunção de que elas tenham utilizado o clitóris para cometer seu ignóbil delito – como, do fato de que um homem tenha se deitado com uma mulher, presume-se de direito a fornicação. É necessário, portanto, proceder à tortura, para que o juiz saiba se o delito inominável foi cometido. Esse caso pode ser encontrado facilmente nos conventos de mulheres, embora tenha sido constatado que mesmo entre as mulheres leigas e seculares ele se apresenta mais de uma vez.

PROVA

25. A sodomia é um crime de direito misto, segundo a sentença comum dos doutores. Daí, o lugar de julgamento é matéria de discussão entre os juízes laicos e os juízes eclesiásticos. Pelo contrário, nos reinos de Aragão e de Valência, por uma delegação especial, os inquisidores da fé é que tratam desse assunto. Seria muito justo que em toda parte os inquisidores da perversidade herética se encarregassem da punição deste infame delito – tanto porque a sodomia tem uma certa conexão com a heresia, quanto pelo fato de que, graças à sua estreita vigilância, os efeminados e os pederastas maculados por esta infâmia seriam mais frequentemente castigados, fazendo com que um vício tão enorme fosse radicalmente extirpado da República Cristã.

26. Na sodomia, por causa de sua atrocidade, os juízes, mesmo laicos, podem proceder através da inquisição. Esta faculdade é específica para esse crime. E, com efeito, na fornicação, no adultério e nos outros delitos naturais da carne, só se procede – no direito civil – à convocação das partes. Ocorre de modo diferente no direito canônico, como já foi dito anteriormente. O espaço de tempo decorrido desde que o crime foi cometido não impede que os culpados possam ser acusados. Esse crime nunca prescreve, segundo o ponto de vista dos doutores, e é aquilo que é preciso notar cuidadosamente.

27. Porém, sendo esse delito – como os outros delitos carnais – difícil de ser demonstrado, como se tem dito mais de uma vez, ele pode ser provado através das presunções e das conjecturas, para falar como os doutores. Daí podem ser deduzidas diversas conclusões importantes com relação a esse tipo de caso. Ei-las. O crime é provado: 1º) pelas testemunhas que terão escutado os sons de arrastamento, os rangidos e as sacudidelas do leito no qual deitou-se um homem com um varão de idade suspeita, etc.; 2º) pelo grito, se ele foi percebido, ou pelos gemidos do menino, causados pela dor ou pela violência que ele sofreu; 3º) quando um homem de má reputação – nesse aspecto – deitou-se com um menino, sem nenhum motivo justo para fazer isso; 4º) quando se descobre que a camisa da criança está manchada; 5º) quando a criança com mais de dez anos foi vista sendo abraçada e beijada por um homem de má reputação, sobretudo se este homem apalpou-lhe as nádegas, mesmo que por cima das calças.

28. Porém, deve-se observar que, pelos indícios e presunções mencionados acima, o crime só está provado na medida suficiente para motivar a tortura ou, no máximo, uma pena extraordinária, aplicável segundo a vontade do juiz e de acordo com o valor dos indícios. Porque, para infligir a pena ordinária, é necessária uma prova plena e concludente – a menos, por acaso, que as leis autorizem, em algum caso, com base em alguns indícios indubitáveis, a aplicação da pena ordinária. Todavia, existe aí uma dificuldade bastante árdua, devido à grande controvérsia entre os doutores acerca da questão de saber quais indícios são ou podem ser considerados indubitáveis.

29. Que, se o processo ocorre como consequência de uma queixa, e que se for declarado que a criança foi violentada com a ruptura do ânus, antes de mais nada a criança deve ser examinada pelos cirurgiões e pelos médicos, e o corpo de delito deve ser comprovado pelo depoimento deles sob juramento: tal é a decisão dos doutores. Porém, se não se tratar da ruptura do ânus, os indícios e as presunções são suficientes, como já dissemos. Do mesmo modo, se está em questão a sodomia das mulheres, o corpo da mulher acusada deve ser examinado por algumas parteiras ou matronas dignas de fé, com a finalidade de ver se a mulher possui um clitóris – sem o qual a sodomia não pode de maneira nenhuma produzir-se entre mulheres, como já demonstramos.

30. Porém, como indício, de que valor é o depoimento do sodomizado? Os doutores não estão de acordo quanto a isso. Uns querem que o seu depoimento não constitua nenhum indício, nem mesmo para a tortura simples. Eles são do ponto de vista, por conseguinte, de que não é possível dar fé à palavra de um menor, atestando que se tentou cometer sobre ele o crime detestável ou que ele sofreu violência. Também não é possível acreditar, de acordo com eles, na mulher que alega que seu marido quis possui-la pelo traseiro ou que ele realmente a possuiu desta maneira. Menos ainda se deverá crer na cortesã depondo que ela foi violentada da maneira inominável. Essas decisões são fundamentadas no fato de que, de acordo com as regras de ambos os direitos, não é possível – de modo algum – se fiar em um único testemunho e nem, sobretudo, no cúmplice do crime (em um infame, por conseguinte).

31. Outros sustentam que o depoimento do sodomizado é suficiente para a tortura. Esta opinião apóia-se no fato de que, para os delitos carnais mais atrozes, são admitidas testemunhas mesmo inabilitadas, sobretudo para os delitos de difícil comprovação – tais como aqueles que são cometidos durante a noite, ou dentro de uma casa, ou para o crime de estupro.

32. Entre esses pontos de vista extremados está um ponto de vista intermediário, que concilia as opiniões. No caso em que outros indícios e outros fatos venham apoiar a acusação, o depoimento do sodomizado é suficiente para a tortura. Esse é o procedimento da segunda opinião. Porém, se os outros indícios vierem a faltar, o depoimento do sodomizado não pode de maneira alguma ser o bastante. Esse é o procedimento da primeira opinião. Tal é a conclusão da qual não é possível se afastar na prática e que é adotada pela maior parte dos doutores clássicos.

33. Paralelamente, os doutores discutem se a alegação do violado pode ser admitida pela tortura. E, com efeito, como pela sua cumplicidade no crime ele tornou-se infame, não deve ser admitido para testemunhar sem a tortura, a fim de que essa faça desaparecer a mancha da infâmia. Ora, eles distinguem entre o púbere e o impúbere, entre aquele que sofreu a violência e o cúmplice voluntário. O impúbere, que foi tomado à força, não deve ser torturado porque, em razão da sua idade, ele não incorre na infâmia. O púbere e o maior, mesmo aquele que sofreu a violência, devem seguramente ser torturados, de acordo com o que pensam muitos autores, porque não é por causa da violência sofrida que eles seriam considerados como tendo se tornado habilitados para testemunhar. Quanto aos cúmplices voluntários, não há nenhuma dúvida de que eles devem ser torturados.

34. No entanto, apesar do respeito devido a esses autores, eu não vejo como aquele que sofreu o estupro por intermédio da violência pode incorrer na infâmia. Isso é contrário à disposição evidente do texto (l. I. § *Removet*, ff. *de Postulan.*) que diz: *Àquele cujo corpo sofreu os contatos reservados às mulheres, a lei recusa o direito de ir a julgamento. Se, todavia, alguém foi violentado e forçado por bandidos ou pelos inimigos, ele não deve ser marcado pela infâmia.* Além disso, a lei *Foedissimam* (cap. *Ad. leg. Jul. de Adulter.*) fala: *A mulher constrangida pela força conserva sua honra intacta,* ou seja, não incorre em nenhuma infâmia. É necessário, portanto, dizer absolutamente que o homem violentado à força – seja ele maior ou impúbere – deve ser admitido para testemunhar sem a tortura. Todavia, é preciso observar que, segundo os doutores, a violência na sodomia não é presumida. Portanto, incumbe àquele que foi forçado a tarefa de apresentar a prova disso: a menos que se acrescentem circunstâncias de lugar, de tempo e de pessoas para fazer com que se dê fé àquele que testemunha desta maneira. De outro modo, qualquer um, mesmo depois de haver consentido no crime, poderia alegar ter sido violentado e forçado.

35. O depoimento das testemunhas no julgamento desse crime pode ser prestado sem que a parte seja citada. Isso é uma peculiaridade desse delito, porque as testemunhas ouvidas sem que a parte tenha sido citada não provam nada, regularmente falando. É também um caráter específico desta matéria que os acusados desse crime não desfrutem de nenhum privilégio pessoal por ocasião da tortura, como dizem alguns autores. Assim como direi mais adiante – falando das penas dos sodomitas –, a razão disso é que eles são infames e que, por conseguinte, eles perdem os privilégios da nobreza. Eis porque, na Espanha, de acordo com a disposição de uma lei particular, os nobres e os plebeus são indiferentemente submetidos à questão[16]: não se leva em conta, de modo nenhum, a ilustração do sangue. Naquele país, com efeito, a sodomia é julgada como um crime de lesa-majestade, de acordo com a maioria dos doutores espanhóis. Porém, para esse crime, conservam-se para as testemunhas os outros privilégios que evitam que elas sejam torturadas, tais como a idade, a falta de força, as enfermidades, etc.; desaparecendo somente os privilégios que são perdidos por causa da infâmia.

---

[16] Tortura imposta aos acusados ou condenados, para a obtenção de confissões. [N. do T.]

PENAS

36. Contra os sodomitas, o Imperador quis criar algumas leis e armar o direito, para que os infames que são ou que se tornem culpados de um crime tão enorme sejam submetidos ao gládio vingador e a algumas leis particulares. Porém, antes da lei imperial, existia a lei divina que dizia: *Se alguém dormiu com um varão e copulou com ele como se fosse com uma mulher, ambos cometeram um ato abominável: que eles morram de morte e que seu sangue esteja sobre eles!* Vieram em seguida as leis imperiais. Elas ordenaram o suplício derradeiro contra aqueles que são culpados desta torpeza. Porém, embora, na lei que acaba de ser citada, a pena do gládio (ou seja, a extirpação da cabeça) pareça ser a prescrita, estabeleceu-se, no entanto, o uso (ao qual se juntaram as disposições dos estatutos municipais) de conduzir os sodomitas ao patíbulo. Eis porque os doutores escrevem que é necessário aplicar indistintamente aos sodomitas o suplício da forca, sem que seja levada em conta a nobreza, porque, por causa da enormidade desse crime, os culpados perdem a sua nobreza e tornam-se infames (como já foi dito), e porque, nos crimes demasiado atrozes, a pena não deve ser atenuada, mesmo em consideração aos méritos do delinquente e aos méritos de sua família para com o Estado.

Todavia, é de uso que os nobres tenham a cabeça cortada.

Porém, além da pena da forca, os sodomitas devem ser queimados depois da sua morte, assim como querem um número quase infinito de autores. Esta pena foi instituída pelos imperadores Teodósio, Valentiniano e Arcadius, como pode ser deduzido (livro VI, título 7, do *Código Teodosiano*) das seguintes palavras do rescrito[17] endereçado a Orosius, vigário de Roma: *Todos aqueles que fazem um uso ignóbil de seu corpo masculino, e que o utilizam da mesma maneira que as mulheres, serão condenados por terem decaído para um outro sexo, e na presença do povo expiarão o seu crime por intermédio de uma chama vingadora.* Esta lei parece ordenar que os sodomitas sejam queimados vivos: isso foi substituído, no entanto, pelo hábito de estrangulá-los e, em seguida, queimá-los.

37. Porém, existe controvérsia entre os doutores acerca do seguinte ponto: a pena ordinária, nesse delito, exigiria a perfeição do ato? E aquele que penetrou no orifício

---

[17] Resposta, por escrito, dos imperadores romanos, às questões que lhes eram dirigidas pelos magistrados ou governadores provinciais. Mais tarde, o termo passou a designar as decisões tomadas pelo papa com relação a algumas questões teológicas. [N. do T.]

posterior, na verdade, mas que lançou seu esperma para fora, deve ser punido com a pena dos sodomitas? Muitos deles são do ponto de vista de que o ato deve ser consumado e a cópula tornada perfeita pela ejaculação no orifício, porque está constatado e é da doutrina comum que, para motivar a pena ordinária, o delito deve ser perfeito no seu gênero.

38. Em compensação, a maioria deles sustenta que, nesse crime carnal – o mais atroz de todos – a pena ordinária deve ser aplicada desde que o culpado chegue à quase consumação do ato. Por conseguinte, o homem que introduziu seu pênis no orifício posterior e que ejaculou para fora, seja com intenção, seja por acidente, deve ser punido com a pena ordinária.

39. Dominicus Raynaldus, após haver combatido essas duas opiniões, adota um ponto de vista intermediário. Ele diz que através da simples penetração no orifício sem efusão de sêmen, embora não se constitua uma sodomia perfeita, existe, no entanto, o estupro cometido sobre um menino, porque o estupro não é outra coisa que a corrupção do menino consumada pela simples penetração, do mesmo modo que a violação de uma virgem não é – segundo os doutores citados nessa passagem – senão a ruptura da membrana virginal, ruptura produzida pela penetração do homem, ainda que não haja ejaculação no orifício. Ele apóia esta opinião com base na autoridade de Antonio Maria Vericelli, do qual ele apresenta o texto integral e demonstra que apenas a penetração, sem efusão de sêmen, é uma verdadeira sodomia. Ele conclui, por conseguinte, que o homem que penetrou dessa forma em um orifício posterior, embora não tenha de modo algum ejaculado dentro dele, deve ser punido com o suplício derradeiro, mas não queimado depois da sua morte.

40. Porém, sem ofensa ao sapientíssimo autor, a base do seu raciocínio não é nem um pouco sólida. E, com efeito, o nome de estupro é comum a qualquer contato carnal ilícito, seja com uma mulher, seja com um homem. A lei diz indiferentemente estupro e adultério, como é possível ver no texto de Papiniano. Porém, esse último acrescenta que, propriamente, o estupro é produzido sobre uma virgem ou sobre uma viúva: é aquilo que os gregos chamavam de *ftoram*, ou seja, corrupção. Ora, a palavra estupro é estendida até mesmo à criança, como faz Modestinus depois do comentário da lei citada mais acima, quando ele diz: *O adultério é cometido com uma mulher casada, e o estupro com uma viúva, uma virgem ou um menino.* De onde se conclui que o estupro só implica em si a corrupção, quer dizer, o uso ilícito do corpo de outrem no ato venéreo; que é necessário dizer adultério quando se trata de uma mulher casada e incesto quando se trata de parentes em um grau próximo, mas que, nos outros casos (por exemplo, com relação a uma viúva, uma virgem, um menino ou a uma mulher) é necessário conservar o nome de estupro. Portanto, nesse sentido, não é possível distingui-lo da sodomia, pelo fato de que a sodomia seria a penetração no orifício posterior, com ejaculação, e o estupro a penetração sem ejaculação.

41. E não é possível assimilar o estupro da criança ao estupro da virgem, o qual atinge sua perfeição pela simples ruptura da membrana virginal. Porque, mesmo admitindo-se que, por acidente, se produza a ruptura do reto com o relaxamento do músculo esfíncter, isso não ocorre necessariamente em todo relacionamento inominável, quando o súcubo é adulto ou quando o íncubo não é mais virgem. Paralelamente, se o estupro é do mesmo gênero quando ele é cometido sobre uma viúva e quando ele é cometido sobre uma virgem – como quer dizer o texto da lei citada – é evidente que na viúva não existe nenhuma membrana a ser rompida. Portanto, é forçoso concluir uma de duas coisas: ou que o estupro com um varão é a mesma coisa que a sodomia, ou que apenas a penetração sem efusão de sêmen não é um estupro (sobretudo quanto o agente está firmemente decidido a não ejacular no ânus do paciente). Esta conclusão é confirmada pela autoridade de alguns autores sérios, refutados, entretanto, por Diana: eles querem que o marido, a fim de se excitar, possa penetrar no orifício posterior de sua mulher, desde que ele não tenha a intenção e nem corra o risco de ejacular dentro dele.

Esta possibilidade não seria admitida se a simples penetração no orifício posterior constituísse, como quer Raynaldus, um estupro, porque desta maneira o marido estaria cometendo um estupro.

42. Da minha parte, digo que nesse conflito de opiniões, a sentença de Antonio de Souza é a mais equitativa. Diana a relata por extenso nos seguintes termos: "Se um homem introduziu seu membro em um ânus, ainda que ele tenha lançado o esperma para fora, é provável que ele deva ser punido com a pena ordinária dos sodomitas. No entanto, eu não digo que isso valha para um único ato, mas para uma série de atos desta espécie, porque aquilo que falta para que se complete o ato sodomítico é suplementado pela repetição do ato cometido para fraudar a lei". Se, com efeito, levado pelo aguilhão do deboche, um homem penetra no orifício de um outro homem com a intenção de não ejacular dentro dele – e se efetivamente ele não ejacula ali; ou se, no começo, ele tem a intenção de ejacular dentro dele, mas, durante a cópula, com a enormidade do seu crime apresentando-se ao seu pensamento, ele se arrepende de sua ação e lança seu esperma para fora do orifício; e se ele não cometeu esse ato mais do que uma ou duas vezes, ele merece um abrandamento da pena e só deve ser submetido ao procedimento extraordinário, segundo a sentença dos doutores citados no nº 37.

43. Porém, se o culpado tem o hábito de semelhantes imundícies; se, fraudando a lei, ele se deixa chegar à penetração; se ele deleita-se no orifício posterior até o derradeiro limite, e se apenas não ejacula ali, ele deve ser punido como verdadeiro sodomita, de acordo com o ponto de vista dos outros doutores enumerados no nº 38 (ponto de vista que é seguido na prática pelos tribunais encarregados de exercer em Milão, em Nápoles, na Sicília, na Savoia, na Alemanha, etc., segundo o levantamento feito por Raynaldus). De modo que a fraude do culpado não deve servir-lhe como defesa e nem atenuar o castigo que ele merece.

44. Ora, no primeiro caso, o culpado deve ser torturado, para se confirmar a intenção que ele alega ter tido de não ejacular – seja porque ele a tenha tido no começo ou porque ela a tenha tido depois de ter se arrependido de sua ação – e também para se confirmar a efusão do esperma não realizada no orifício. Porque, como essas são duas qualidades intrínsecas, que não podem ser conhecidas senão através da confissão do próprio culpado – como observam os doutores – ele deve, como consequência disso, ser torturado para fazer com que seja esclarecida a verdade do fato.

45. Outra controvérsia entre os doutores: a supra dita pena da forca e do fogo seria aplicável quando a cópula infame ocorreu com uma mulher? Não faltam doutores para recusar a qualificação de sodomia para a cópula posterior consumada com uma mulher: eles dizem que se trata apenas de um ato sodomítico. Por conseguinte, o homem que abusa de uma mulher desta maneira inominável não incorre, segundo eles, em um caso reservado. Eles negam igualmente esse caráter para a mulher que age como súcubo com uma outra mulher ou com um homem. Eles não querem, com efeito, que esse crime seja estendido para mais longe do que o infame congresso entre varões.

46. Porém, qualquer que seja a culpa teológica e a reserva que é conveniente fazer no foro íntimo, é certo que, no que tange à culpa legal e para seu castigo no foro exterior, o delito é considerado absolutamente o mesmo: utilizar, para os prazeres sensuais, o orifício posterior, com uma mulher ou com um homem. Tal é o ponto de vista de todos os criminalistas, que é seguido na prática por todos os tribunais – porque, em semelhante matéria, tem-se queimado as mulheres tanto quanto os homens, assim como atestam Clarus e Gomez. Farinaccius diz que, durante a sua infância, ele viu em Roma, na praça do Campo di Fiore, serem queimados vários homens e várias mulheres que haviam pecado dessa maneira. E mesmo, se um marido contamina desta maneira a sua própria mulher, a culpa é considerada mais grave do que se ele atacasse uma outra mulher. É a conclusão que os doutores tiram do texto de um capítulo; porque Santo Agostinho, no livro *De Adulterin. conjug.*, diz que esse crime é cometido execravelmente com uma cortesã, porém ainda mais execravelmente com uma esposa. Enfim, é mais grave manter relações desse gênero com uma mulher do que com um varão. A mulher, com efeito, possui um orifício destinado pela natureza para a cópula. Por conseguinte, aquele que, deixando de lado esse orifício, volta-se para o outro, mostra-se possuído por uma brutalidade mais do que selvagem, e seu delito é, como consequência disso, mais condenável.

47. Da mesma maneira se, com uma mulher ou com um homem, uma mulher mantém um desses relacionamentos – cujo modo já foi exposto por nós –, ela deve ser punida com a morte e queimada, como ensina Farinaccius, de acordo com muitos autores. E ainda que não tenham faltado escritores para pensar que, no ato inominável, o paciente não peca tão gravemente quanto o agente – e que, por conseguinte, ele não incorre em um caso reservado –, no entanto, os doutores dizem comumente que, no foro exterior, não existe, nesse delito, diferenciação entre o agente e o paciente. Consequentemente, que ambos devem ser atingidos por igual castigo: porque, nos correlativos, aquilo que é estatuído para um é considerado como sendo estatuído para o outro, mesmo nas penalidades, quando os correlativos conservam entre si as suas relações – como no presente caso. É verdade que se o paciente tem menos de dezoito anos, sua punição deve ser mais suave e não chegar até à morte (ele poderá ser, por exemplo, flagelado na prisão, mantido nela por um longo tempo ou passar alguns instantes nas chamas da fogueira). O menor de quatorze anos, se não é capaz de má-fé, deve ser absolvido sem qualquer punição. Porém, se ele é capaz de má-fé – como são aqueles que já passaram dos dez anos – ele deve ser espancado com a palmatória no calabouço ou até mesmo ser chicoteado nos corredores da prisão.

48. Além da pena do suplício derradeiro, como foi dito mais acima, os sodomitas tornam-se infames: por conseguinte, eles perdem o privilégio de nobreza e não podem defender causas para o público, quer dizer preencher a função de advogados, segundo a expressão jurídica. Porém, esta infâmia não decorre automaticamente do próprio fato: ela exige uma declaração do juiz, assim como pensou de forma excelente Raynaldus, com quem compartilho o ponto de vista, contra Farinaccius. Com efeito, um homem não é decretado como infame antes de ter sido primeiramente reconhecido como culpado: ora, o inculpado só é declarado culpado pela sentença do juiz. Porém, esta infâmia é imposta até mesmo ao impúbere (se, todavia, ele já tem a idade da razão), embora uma idade menor – enquanto causa para a diminuição da culpabilidade – faça com que seja diminuída a pena ordinária. Porque, segundo aquilo que escreve Abbas – citado por Bartolo – no caso em que a pena *ipso jure*[18] é imposta pelo direito, aquele que comete um delito proibido incorre na aplicação desta pena, embora, por um outro lado, com relação a outros aspectos, ele deva ser punido mais brandamente, como a infâmia impõe-se de pleno direito aos sodomitas, os próprios impúberes a suportam; e isso deve ser particularmente observado. E ela não é imposta apenas pela declaração do juiz, mas também se o crime é notório de fato – como dizem vários doutores, a propósito da infâmia adquirida de pleno direito quando o crime é notório de fato.

49. Ora, foi o ponto de vista de alguns comentadores, seguido por certos doutores, que os sodomitas perdem o domínio sobre os seus bens, que são entregues ao fisco – e que,

---

[18] Em razão do próprio direito. [N. do T.]

por conseguinte, eles não podem fazer testamento. Porém, Raynaldus, com a ajuda de numerosos argumentos, refuta esta conclusão, porque tal ponto de vista não é corroborado nem pelo direito civil e nem pelo direito canônico, e porque a prática do Senado de Milão e do tribunal de Roma é contrária a isso.

50. Em compensação, as penas mencionadas mais acima devem ser infligidas irremissivelmente, ainda que a maior parte da população fosse culpada desse delito: é aquilo que se deduz do texto de um capítulo. Porque embora, por causa da multidão dos pecadores e para que não prorrompam os escândalos, as penas devam ser algumas vezes suavizadas, esse afrouxamento não pode ser aceitável com relação aos sodomitas. Toda a população deveria ser dizimada, se toda ela estivesse mergulhada nesse vício, seguindo o exemplo de Deus que, sob o enxofre inflamado, engoliu as cinco cidades[19]. Daí se segue que, com relação a esse crime, não pode haver nenhuma composição, e que o culpado não poderia, em hipótese nenhuma, ser indultado.

---

[19] Cf. nota 11. [N. do T.]

51. Quanto à doutrina ensinada por Farinaccius, de acordo com alguns autores citados por ele – ou seja, de que o homem seduzido a cometer sodomia pode matar o sedutor –, ela deve ser adotada com moderação: por exemplo, se o crime só pode ser evitado com a morte do agressor. De outro modo, a defesa não seria irrepreensível. Isso não é específico para esse crime, mas vale como regra para todos os casos em que um homem é induzido a cometer um pecado. Deve-se, com efeito, preferir suportar a morte do que pecar, e preferir conservar a sua própria vida do que a vida de outrem. E se for necessário pecar ou morrer, é necessário de preferência evitar a morte para si do que para os outros: é assim que legitimamente é possível matar aquele que vos força ao pecado.

52. As penas mencionadas acima são do direito civil. Outras juntam-se a elas, e que são do direito canônico. Ei-las aqui: Em primeiro lugar, o sodomita não pode ser testemunha; é o texto formal de dois capítulos. Em segundo lugar, ele está incapacitado de receber os benefícios eclesiásticos[20], assim como os doutores deduzem da Constituição

---

[20] Renda ou patrimônio vinculado a uma função ou a uma dignidade eclesiástica. [N. do T.]

do Bem-aventurado Pio V. Em terceiro lugar, ele é obrigado à separação de leitos, como adúltero – e isso quer ele tenha sido agente ou paciente, porque de qualquer uma dessas maneiras ele violou a fé matrimonial, pela qual todo esposo deve conservar seu corpo puro de qualquer espécie de luxúria e não deve de nenhuma maneira partilhá-lo com qualquer um. Não somente trata-se de um caso de separação de corpos, mas também de um impedimento proibitivo para o casamento, como querem os doutores. Por fim, em quarto lugar, por tal crime, o sodomita é excomungado, como está decidido numa decretal.

53. Aquilo que vem sendo dito até aqui se aplica aos leigos. Porém, outras são as penas que atingem os clérigos sodomitas, seja no direito antigo ou no novo direito. Ao direito antigo pertence a Constituição do Concílio de Latrão: ali está estatuído que o clérigo surpreendido na incontinência contra a natureza deve ser deposto e jogado em um mosteiro para fazer penitência. Do novo direito são as duas Constituições do Bem-aventurado Pio V. Aquela que foi promulgada em 1556, no dia 1º de abril, e que começa com *Cum primum*, foi apresentada em favor da divina Majestade, como resulta do seguinte preâmbulo: *Tendo decidido* *aplicar a sagacidade de nosso espírito a suprimir aquilo que poderia de alguma maneira ofender a divina Majestade, nós resolvemos corrigir antes de mais nada e sem demora aquilo que os mais graves exemplos e aquilo que as divinas Escrituras declaram desagradar acima de tudo a Deus e provocar a sua cólera.* Desse texto, conclui-se que a Constituição não é penal, mas favorável. Ainda que a lei apresente algumas penas por ódio a um delito, ela é – no entanto – chamada de favorável se, por si mesma, ela contém em suas primeiras linhas um favor, como dizem os doutores. Ora, deduz-se do preâmbulo citado que a causa final da dita Constituição é favorecer a divina Majestade, a fim de que esta Majestade não seja ofendida, sobretudo pelos delitos que especialmente lhe desagradam. Por isso mesmo, a Constituição deve ser considerada favorável. Por conseguinte, suas disposições não devem ser restringidas – pelo contrário, do ponto de vista dos doutores, elas devem ser desenvolvidas. Eis aí uma coisa que deve ser observada.

54. Portanto, nesta Constituição, se lê, contra os sodomitas, no § 11: *Se alguém cometeu o crime abominável que fez recair a cólera de Deus sobre seus filhos infiéis, que ele seja entregue à Cúria secular para ser punido; e, se ele for clérigo,*

*que ele seja degradado de todas as ordens e submetido à mesma
pena.*

55. A segunda Constituição foi promulgada em 1568,
no terceiro dia das calendas de setembro; ela começa por
Horrendum. O mesmo santíssimo pontífice nela declara perseguir mais completamente e mais vigorosamente aquilo
que outrora, no começo de seu pontificado, ele havia decretado na Constituição relatada mais acima. Ele exprime-se
assim: *Pela autoridade do presente Cânone, todos os padres –
quaisquer que sejam eles – e os outros clérigos seculares e regulares – qualquer que seja o seu grau e a sua dignidade – são
privados por nós (se eles exercerem um crime tão execrável), de
todos os privilégios clericais, de todos os cargos, dignidades e
benefícios eclesiásticos*

56. Uma multidão de doutores – dos quais Barbosa
elaborou uma longa lista – levados, talvez, pelo desejo de
defender os privilégios da condição clerical, imaginaram
tantas sutilezas com relação à segunda Constituição, que a
intenção do santíssimo pontífice foi burlada. Os clérigos sodomitas nunca foram entregues ao braço secular, de modo
que, não sendo punido de acordo com a regra desses

cânones, o crime ganha terreno por todos os lados.

57. Eles dizem, portanto, que a segunda Constituição atinge somente os clérigos que exercem a sodomia: ora, *exercer* é uma palavra que exige a repetição, a frequência, o hábito e a quase continuidade de um fato. Tal é o ponto de vista de Barbosa que invoca, sobre a própria questão que nós estamos discutindo, a autoridade do Imperador, no *§ Item lex Julia, Instit. de Publ. judic.*, de que apresentamos o texto: *Acontece da mesma maneira com a lei Júlia sobre os adúlteros. Ela pune pela espada não somente aqueles que desonraram as núpcias de outrem, mas também aqueles que ousam exercer uma abominável depravação com os varões.* Nessa passagem, todo mundo interpreta a palavra *exercer* no sentido de uso frequente e quase habitual.

58. Eles dizem, em segundo lugar, que para incorrer nas penas da mesma Constituição é requerida a cópula completa, quer dizer, a seminação no orifício, de modo que aquele que executa esta imundície tomando suas precauções não incorre nas ditas penas, já que ele não ejacula no orifício posterior.

59. Eles dizem, em terceiro lugar, que essas penas só são impostas a um clérigo sodomita notório, e que elas o obrigam somente no foro exterior, mas não no foro íntimo.

60. Entretanto, apesar do devido respeito a tantos doutores, as conclusões expostas acima carecem de solidez, porque elas são contrárias ao teor das Constituições e à intenção do Bem-aventurado Pontífice. Com efeito, eu coloco como premissas que a primeira Constituição é favorável – como já observamos no nº 53 – e que ela deve, por conseguinte, ser estendida; e visto que o Soberano Pontífice declara perseguir mais completamente e com maior vigor aquilo que ele havia decretado na primeira, segue-se que a segunda Constituição também é favorável. Portanto, seus termos devem ser interpretados em todos os seus sentidos e em cada sentido no qual eles podem ser interpretados; e de nenhuma maneira a segunda Constituição restringe a primeira.

61. Ora, está constatado que a palavra *exercer* recebe um grande número de interpretações. Algumas vezes, com efeito, ela significa *obter lucros*. Às vezes, ela significa *intentar* e *instituir*, como quando nós dizemos *exercere actionem*.

Outras vezes, ela significa *solicitar insistentemente*, como em *exercere hereditatem*, e também *punir*, como em *exercere fame*. Às vezes, ela tem o sentido de *fabricar* ou de *cunhar*, como em *exercere monetam adulterinam*. Enfim, ela recebe um grande número de outras significações, de acordo com a natureza à qual ela é aplicada. Porém, com relação ao valor de *exercere* (naquilo que nós estudamos), embora ele às vezes implique na ideia de pluralidade relativamente ao ato ou ao ofício que é *exercido*, todavia, em uma disposição penal, é suficiente um único ato para justificar a sua utilização. Assim, *exercere crimen*, *committere* ou *patrare crimen* são a mesma coisa. É aquilo que pode ser deduzido evidentemente dessa passagem da lei seguinte: *São considerados propriamente como ladrões de animais aqueles que roubam os animais das pastagens e dos rebanhos. Esses são verdadeiros saqueadores, que exercem como um ofício o rapto dos animais.* No entanto, o *ato único* de roubar *um cavalo ou um boi constitui o crime*, como diz textualmente uma outra lei do mesmo código.

62. Paralelamente, em uma decretal, é dito duas vezes e em termos apropriados: *Que aquele que exerce o vício de falsidade seja punido.* É a expressão utilizada. No entanto, para incorrer nas penas determinadas na decretal, a frequência dos atos não é necessária; basta exercer ou, se preferirem, cometer o ato uma única vez. Tal é o ponto de vista dos doutores, e a prática o confirma. Do mesmo modo, em duas leis do código, encontra-se que aqueles que *falsam monetam exercent*[21] serão punidos, de acordo com aquilo que está estatuído no dito código. Ora, é notório que a pena determinada é aplicada mesmo pela fabricação de uma única moeda falsa. A mesma conclusão pode ser tirada do *§ Institutionum de Publicis judiciis*, onde está dito que *aqueles que exercem sua abominável paixão com os varões recaem sob a autoridade da lei* Julia de adulteriis. Todavia, diante dos tribunais laicos, para que o sodomita seja punido com a forca e o fogo, não é necessário que ele seja levado a esse vício infame frequentemente e por um exercício contínuo; basta que ele tenha cometido o ato uma única vez. Assim, me espanto ao ver Barbosa, como dissemos mais acima (nº 57), afirmar que todo mundo compreende essa palavra *exercere* como implicando a ideia de um hábito repetido e quase costumeiro, quando ele tem contra si o fato constatado pela prática universal dos tribunais laicos. Daí se segue que,

---

[21] Os falsificadores de dinheiro. [N. do T.]

mesmo nesta Constituição que citei e que começa com *Horrendum*, a palavra *exercere* deve ser interpretada não somente no sentido de repetir muitas vezes, mas também no sentido de cometer uma única vez a sodomia.

63. Esta solução recebe uma confirmação ainda mais manifesta do fato de que, através da sua segunda Constituição, o papa não suavizou a primeira e nada aboliu do que ela continha. Pelo contrário, ele declara que, através da segunda, quer mais completamente e com o máximo de vigor perseguir aquilo que ele havia sancionado na primeira. Ora, na primeira, para que o culpado seja entregue ao braço secular, não é requerida para o clérigo sodomita a frequência dos atos: é suficiente que ele tenha feito (é o termo utilizado) aquilo que se tornou garantido por um único ato. Portanto, segue-se daí que a palavra *exercere*, colocada na segunda Constituição, não deve ser separada da primeira. De outro modo, a segunda Constituição, que tinha como finalidade reforçar aquela que a havia precedido, não faria senão com que ela fosse diminuída. Eis aí um resultado que causa repugnância à razão.

64. Dir-se-á que não são necessárias controvérsias

sobre a intenção do legislador, quando se tem a sua declaração; e que, como nesse caso, possuímos a declaração papal atestada pelo grande canonista Navarrus[22] nos seguintes termos: *Em terceiro lugar, digo que esta Constituição não se aplica a qualquer clérigo, mas apenas àquele que* exerce, *expressão utilizada explicitamente por Gregório XIII, etc.*; e que, por conseguinte, não existe aí mais matéria para nenhuma dúvida.

65. Eu respondo que Navarrus fala manifestamente da irregularidade (e, consequentemente, das outras penas espirituais), como pode ser visto evidentemente no nº 249, onde ele investiga se o clérigo sodomita é irregular. E ele explica a Bula do Bem-aventurado Pio V, ou seja, que as penas espirituais que ali são impostas e que, segundo ele, são aplicadas de pleno direito, atingem somente o clérigo que, através de atos frequentes, exerce o vício inominável. Portanto, a declaração papal é relativa somente às penas espirituais, porque elas não são aplicadas senão ao culpado habitual. Portanto, nesta declaração, não pode ser incluída a pena corporal imposta pela primeira Constituição e

---

[22] Martín de Azpilcueta (1493-1586), teólogo espanhol. [N. do T.]

confirmada na segunda.

66. É necessário, com efeito, observar que, na primeira Constituição que mencionamos mais acima (nº 54), somente a pena corporal é imposta contra os clérigos sodomitas. Porém, na segunda, na qual o Papa quis aumentar o castigo, ele acrescentou as penas espirituais: perda do privilégio de clérigo, privação do cargo, da dignidade e do benefício eclesiástico. E admitindo-se que essas penas espirituais não sejam aplicadas senão ao sodomita habitual, não se segue daí que ocorra a mesma coisa com a pena corporal. A declaração papal é relativa somente às primeiras, e não à última. Por conseguinte, todos os autores que, desejando que o clérigo sodomita seja entregue à Cúria secular somente quando ele comete muitas vezes o crime inominável, ligam-se a Navarrus como se ele fosse o porta-voz desta opinião, invocam sua autoridade fora de propósito, já que Navarrus não menciona nenhuma palavra acerca do castigo corporal, mas – como já dissemos – fala unicamente das penas espirituais. Eis porque ele é citado erradamente em apoio a esta opinião. Ocorre a mesma coisa com Rodriguez que, embora adotando o ponto de vista de Navarrus com relação às penas espirituais, separa-se dele, no entanto, naquilo que concerne ao castigo corporal. Ele diz, com efeito: *Aqueles que não exercem o ato de sodomia, embora sejam condenados à pena capital, não são, no entanto, punidos com a pena rigorosa (que é a pena espiritual) imposta por esta Constituição (Horrendum)*, assim como observou Navarrus. Conclusão: o clérigo sodomita, mesmo que ele não tenha cometido habitualmente a sodomia, deve ser entregue à Cúria secular, assim como sustentam a maior parte dos doutores clássicos. Esta conclusão é ainda corroborada pelo fato de que se, em virtude das Constituições do Bem-aventurado Pio V, o clérigo não deve ser entregue à Cúria secular por qualquer crime de sodomia, ele deve, no entanto, ser entregue a ela em virtude do texto do capítulo *Clerici, Extra. de Excess. Praelat.*

67. E esta decisão não é invalidada porque o ponto de vista oposto tem prevalecido junto a alguns tribunais, ou porque ele é seguido na prática. Com efeito, o abuso de alguns não pode, de preferência ao costume legítimo, ser prescrito aos outros como lei, sobretudo, quando a razão e a lei reclamam. Que se, com relação a esse crime, não é possível fazer nenhuma composição, se de nenhuma maneira o culpado pode ser indultado, se o juiz não pode de nenhum modo diminuir a pena aplicada pelas leis – nem mesmo por causa da multidão dos delinquentes, assim como já dissemos (nº 50) –, eu não posso compreender como os tribunais deixam de lado a pena ordenada pela Constituição papal e como eles aderem às opiniões cavilosas e confusas de alguns doutores (opiniões que enfraquecem o rigor da punição eclesiástica e que iludem as disposições dos santíssimos pontífices, sancionadas para a boa administração da República Cristã).

68. Que, para incorrer nas penas contidas na segunda Constituição, seja requerida a seminação – de maneira a tornar o crime perfeito em seu gênero – é coisa que eu não nego. De tal forma que todos os doutores se filiam a esta opinião. No entanto, se o clérigo tivesse o hábito de cometer esta imundície, se ele sentisse um ignóbil prazer em penetrar no orifício posterior, retirando-se quando a ejaculação está próxima, etc., eu digo que ele não incorreria menos na pena do que se tivesse realizado o ato: visto que a sua própria fraude não deve servir-lhe como pretexto. É assim que, segundo alguns doutores, incorre em um caso reservado o incestuoso que, tendo o costume de fornicar com uma irmã consanguínea, ejacula para fora, com a única finalidade de não incorrer em um caso reservado. Consequentemente, como em um semelhante caso, o leigo não deveria escapar da forca e da fogueira, do mesmo modo como o clérigo não deve escapar das penas estabelecidas pela Constituição.

69. Por fim, a opinião de que as penas citadas mais acima dizem respeito somente ao foro exterior e não ao foro íntimo, é insustentável, porque ela tem contra si a declaração de Gregório XIII, relatada nos seguintes termos por Navarrus: *Em quarto lugar, digo que como eu desejasse que ele considerasse somente o foro exterior, o mesmo santíssimo pontífice respondeu-me que ele considerava também o foro íntimo, já que não se fundamenta em uma presunção, e que ele não fazia diferença entre os dois foros.* Portanto, se esses autores seguem Navarrus, porta-voz da sua opinião, eles devem segui-lo também neste ponto de vista corroborado pela declaração papal.

70. Existe também controvérsia entre os doutores sobre a questão de saber se o clérigo sodomita oculto incorre nas ditas penas. Comumente, opta-se pela negativa; porque, para que elas sejam aplicadas, é necessário que o delito seja notório de fato ou de direito, ou seja, por sentença do juiz, como muitos escrevem. De acordo com esses últimos, pelo crime oculto de sodomia, o clérigo não incorre nem em irregularidade e nem em suspensão. Por conseguinte, não lhe é interdito entrar para as Ordens sagradas e nem obter alguns benefícios. E embora, na dita Constituição, a privação dos benefícios seja aplicada de pleno direito – de modo que eles poderiam ser obtidos antes da sentença – no entanto, em consciência, esses benefícios podem ser retidos até que o juiz chegue à sentença declaratória.

71. Porém, quando a sentença do juiz é pronunciada, as penas acima indicadas são aplicadas, e aqueles que foram assim condenados pelo crime abominável não podem de nenhuma maneira ser promovidos nas Ordens e nem exercê-las, porque, tornados infames por esse crime enorme, eles tornam-se, *ipso jure*, irregulares. E aquele que foi assim condenado por sentença não pode, se for um clérigo secular, ser dispensado dessa irregularidade pelo bispo; e nem, se for um regular, pelo seu prelado. Esta dispensa é reservada ao soberano pontífice. Porém, para o regular, é necessário saber se foi após os seus votos que ele foi condenado pelo crime abominável. Se ele tivesse sido condenado na vida secular e em seguida tivesse sido admitido na religião, ele poderia ser dispensado da irregularidade, porque os prelados regulares, compartilhando os privilégios das Ordens Menores, podem – com a exceção das irregularidades provenientes do homicídio voluntário e da bigamia – dispensar de uma irregularidade qualquer um daqueles que entram para a Ordem.

72. E embora alguns autores considerem que as penas dos sodomitas não incluem aqueles que são súcubos em semelhante abominação, porque eles não podem ser chamados de sodomitas, mas somente de culpados de volúpia (e, acerca desses últimos, as leis penais são mudas), entretanto esta opinião é comumente rejeitada. Porque as penas precedentemente indicadas aplicam-se tanto aos agentes quanto aos pacientes. É essa a opinião geralmente sustentada pelos doutores, de acordo com os termos da Bula do Bem-aventurado Pio V.

73. Quanto aos regulares, eles devem manter suas próprias Constituições e, segundo os seus artigos, moderar a sentença e as penas que merece o crime. Quanto a nós, Menores da Observância[23], temos os seguintes estatutos:

---

[23] O padre Sinistrari pertencia à Ordem dos Menores Reformados da Estreita Observância de São Francisco. [N. do T.]

74. *Se algum Menor (que Deus afaste essa desgraça!) foi notado e legitimamente condenado pelo crime inominável (pelo qual a cólera de Deus recaiu sobre seus filhos infiéis), que, inteiramente nu, apenas com seus calções, na presença dos irmãos convocados em capítulo[24], com as mãos atadas, ele seja rigorosamente flagelado, que ele recite o salmo Miserere mei Deus, etc., e que ele seja de alguma forma queimado em meio a algumas chamas brandas colocadas ao seu redor. Depois, que ele seja condenado irrevogavelmente à prisão perpétua, onde ele deverá jejuar a pão e água pelo menos três vezes por semana e lamentar sua vida na dor e na amargura.*

75. *Todavia, o ministro geral poderá libertá-lo da dita prisão depois de alguns anos, se observar nele suficientes indícios de contrição para não considerá-lo como indigno de tal perdão e misericórdia. No entanto, o condenado será privado para sempre do direito de sufrágio e estará inabilitado para todos os cargos da religião. Porém, se ele novamente se tornar suspeito do crime abominável, e se ele for legitimamente incriminado, ele será enviado para as galés[25] perpétuas.* Tais são os termos

---

[24] Assembléia de religiosos, reunidos para deliberar sobre algum assunto. [N. do T.]

[25] Trabalhos forçados. [N. do T.]

dos *Estatutos Vallisoletanos*[26], no capítulo 8, que tem por título *Do castigo daqueles que tiverem transgredido a castidade.*

76. Paralelamente, no mesmo texto, no título *Da Tortura*, lê-se de acordo com o § 2: *Em virtude da execução do crime abominável, o culpado será torturado pelo fogo, diante do qual ele será forçado a manter seus pés untados com banha de porco, durante um tempo curtíssimo, e isso de maneira a não torná-lo inabilitado para caminhar. Esse suplício poderá ser prolongado por até dois* Miserere. *Enquanto eles estiverem sendo recitados, será interposta – para que os pés não sejam queimados – uma prancha de madeira, a fim de temperar o ardor do fogo.*

77. Quanto ao primeiro estatuto, apresenta-se uma primeira dúvida: Qual é o sentido das palavras: *terá sido notado e legitimamente incriminado?*

78. Eu respondo: No direito, *notare* e *notari* têm diversas significações que, logicamente, devem ser

---

[26] Referentes à cidade de Valladolid, na Espanha. [N. do T.]

interpretadas de acordo com o tema tratado. Dentre essas significações, existe uma segundo a qual *notari* significa ser marcado pela infâmia, ser considerado infame, ser atingido na estima, assim como se pode deduzir de diversas legislações. Portanto, *notatus* é tomado aqui como marcado pela infâmia, tornado infame pelo crime inominável. E, no texto, devemos fazer com que entrem todas as maneiras através das quais o conhecimento da infâmia chega aos ouvidos do juiz – seja por fama, seja por insinuação e clamor, seja por acusação, por denúncia ou por queixa. De qualquer maneira que o juiz venha a sabê-lo, ele deve entrar em ação.

79. Eu respondo, em segundo lugar: Chama-se de *legitimamente incriminado* aquele cuja culpabilidade foi provada por testemunhos ou por instrumentos, ou por indícios indubitáveis ou por notoriedade de fato. Qualquer uma das maneiras indicadas torna a incriminação perfeita. O homem que foi *incriminado* difere daquele que fez confissões, pelo fato de que o estatuto que existe para um não existe para o outro. Todavia, nesse texto, *incriminado* é considerado no sentido amplo, suficiente para se poder estendê-lo até mesmo à confissão. Porque, embora a confissão não seja considerada propriamente como uma prova, no entanto é possível dizer que o crime está provado de uma certa maneira pela confissão do culpado, e que a culpabilidade de um homem pode ser comprovada pela própria confissão deste homem. A constatação do fato pode ser deduzida, com efeito, da confissão, como resulta textualmente de ambos os direitos. Ora, uma das provas por meio das quais o culpado é incriminado é a constatação do fato, assim como já foi dito. Daí se segue que, nesse texto, o homem legitimamente incriminado é aquele cuja culpabilidade foi comprovada através da sua própria confissão ou que foi incriminado de uma outra maneira.

80. Segunda dúvida com relação ao mesmo estatuto. Qual é o sentido da seguinte frase: *inteiramente nu com seus calções*.

81. Eu respondo, em primeiro lugar: A expressão *inteiramente*, que nesse caso implica a ideia de *todas as partes*, não está posta aí por nada, porque em uma lei ou em um estatuto as palavras não devem ser como passarinhos; elas devem, pelo contrário, representar alguma coisa. *Inteiramente* significa, portanto, que o culpado, totalmente nu em todas as partes de seu corpo, com exceção apenas dos calções, deve ser flagelado; e embora as sandálias ou os tamancos não sejam, propriamente falando, vestimentas (porque isso não impede que se possa dizer que aquele que se serve de sandálias ou de tamancos está com os pés descalços), no entanto, esses calçados, com relação a certos aspectos, podem ser chamados de vestimentas, porque eles revestem uma parte do pé – de modo que não é possível dizer que o homem que anda calçado dessa maneira está *inteiramente* nu em todas as partes do seu corpo. Portanto, o sentido do estatuto é o seguinte: para que o castigo do culpado seja maior e maior seja a sua ignomínia, quando o sodomita estiver em sua prisão, lhe serão retiradas todas as suas vestimentas, com exceção dos calções. Depois, com os pés *inteiramente* nus e com as mãos amarradas atrás das costas, ele será conduzido para o capítulo.

82. Eu respondo, em segundo lugar: Como, no estatuto, não consta simplesmente que o culpado deva ser flagelado, mas acrescenta-se a palavra *rigorosamente*, deve-se compreender ou que as chibatadas serão aplicadas com força por um flagelador ou que dois flageladores se revezarão alternadamente, para que essa flagelação seja mais grave do que a flagelação ordinária. E se me perguntam por quem o culpado deve ser flagelado, eu digo que nas províncias onde existe o costume de que os culpados sejam flagelados, no foro paternal, pelo vigário do convento (é aquilo que ocorre nas províncias da Espanha), com base na ordem do prelado, o condenado também poderá, nesse caso, ser flagelado pelo vigário. Porém, nas outras províncias, esta flagelação deve ser executada por um irmão leigo, guardião da prisão. Porque, nos foros seculares, são os carcereiros que executam essa tarefa. E embora eu tenha dito anteriormente que um religioso não é obrigado a obedecer ao juiz, quando isso pode implicar na sua própria infâmia (como, por exemplo, se ele flagelasse um condenado – o que faria com que ele fosse apontado como carrasco pelos outros monges) – e isso, no entanto, não for possível, pela falta de um carcereiro, o encarregado desta tarefa deverá ser o guardião da prisão. Seu cargo, com efeito, faz com que ele seja obrigado a obedecer nesta ocasião, porque entre nós não é permitida a utilização de leigos seculares para a tortura dos religiosos. O suplício da corda representa a única exceção.

83. Eu respondo, em terceiro lugar: É de forma excelente que o fogo é empregado para expiar a torpeza desse delito, já que, também pelo fogo e pelo enxofre, do alto do céu, Deus puniu a infame Pentápolis. Todavia, as chamas devem ser fracas: elas não devem queimar, mas mostrar que o culpado mereceu ser queimado, e devem servir mais para a ignomínia do que para a tortura. Raynaldus não aprova esta prática seguida por alguns juízes com relação aos menores de dezoito sinos, porque – diz ele – *isso poderia ser transformado em motivo de zombaria. Vi, com efeito, muitas vezes, muitíssimas vezes – acrescenta ele – em Roma e fora da cidade, as crianças, nas estradas, porem fogo em feixes de*

palha e saltarem de um lado para o outro através das chamas. Porém, sua razão não é válida para a religião, onde ninguém se diverte dessa maneira. Além do mais, o condenado não salta através das chamas, e ele não está vestido nesse momento crítico. Pelo contrário, ele está completamente nu e forçado a sentir as chamas que estão colocadas ao seu redor, embora elas não sejam demasiado violentas, e esse espetáculo – naqueles que o testemunham – não deve despertar o riso, mas o temor. Ora, para que as chamas sejam leves, de acordo com a intenção do Estatuto, elas poderão ser alimentadas com estopa e palha ou com qualquer outro material inflamável colocado em torno do sodomita.

84. Terceira dúvida relativa ao mesmo Estatuto: Como a pena pode ser graduada, quando o crime é agravado por alguma circunstância – por exemplo, em caso da ruptura do ânus, etc. – ou quando um grande escândalo secular seguiu-se a ele?

85. Eu respondo: Embora a pena aplicada pela lei não deva ser nem aumentada e nem diminuída (porque o juiz não deve ser nem mais clemente e nem mais severo do que a lei), se sobrevém, no entanto, uma qualidade ou uma circunstância que agrave o delito, as penas estatutárias podem ser aumentadas – como dizem os doutores –, e muito mais gravemente se os delitos são complicados. Porque a pena que não podia ser aplicada a um único delito é aplicada quando um outro delito vem juntar-se a ele. Portanto, segundo a qualidade ou a circunstância do delito, é necessário moderar o aumento da pena. Com efeito, se o crime foi cometido no claustro, mesmo se ele foi cometido com violência ou se houve ruptura, os jejuns poderão ser qualificados: o culpado não comerá seu pão e nem beberá sua água na sua prisão, mas se fará com que sofra esta punição de joelhos no refeitório, na presença dos Irmãos, e isso para a sua maior desonra. A isso será acrescentada a flagelação uma, duas ou três vezes por semana (segundo a qualidade agravante do delito). Porém, se o rumor do crime espalhou-se pelo povo – e se, com isso, elevou-se um grande escândalo em detrimento da religião –, a punição do delinquente, a fim de reparar esse escândalo, deverá ser pública e ele será enviado para as galés. Com efeito, se, como se vê no Estatuto, a reiteração do delito é motivo suficiente para fazer com que se troque a prisão pelas galés, esta última pena é suficientemente motivada pela grandeza do escândalo e pela necessidade de soerguer a reputação da Ordem, manchada por um semelhante delito: a circunstância do escândalo sendo um agravante para o delito, tanto quanto a reincidência.

86. A quarta dúvida é relativa ao segundo Estatuto apresentado mais acima (nº 75): Depois de quantos anos de prisão, pacientemente e exemplarmente suportados, o superior geral pode libertar o condenado?

87. Eu respondo: Sanctorus pensa que são necessários sete anos. Ele deduz sua argumentação da penitência do padre fornicador. Segundo os antigos cânones, esta penitência devia ser de sete anos, e quando ela chegasse ao fim, o bispo podia restabelecer o padre em seu antigo grau. Porém, esta sentença é demasiado severa e esse cânone não pode ser aplicado à questão presente. Porque, no outro caso, trata-se de recolocar em seu antigo estado o culpado que sofreu a pena legal. Ora, aqui se trata de abreviar o tempo da pena aplicada pela lei, abreviação que tem como causa uma mudança de vida. Uma passagem, que é possível legitimamente arguir, encontra-se na *Anthentica de Monachis*. Lê-se aí: *Para uma medíocre expiação dos pecados e para o aumento das virtudes, o testemunho de três anos é suficiente.*

Trata-se aí da aprovação a ser dada àqueles que pedem para ser admitidos como monges. Porque, embora anteriormente eles tenham vivido no vício, se durante três anos eles levaram uma vida louvável, é de regra que a mudança de vida da qual eles deram prova seja suficiente para que lhes seja permitido tomar o hábito monástico. Nós estamos, portanto, nesse caso. Com efeito, embora um homem tenha se mostrado o mais infame de todos ao cometer um tão grande crime, todavia, se durante três anos ele fez com que fossem vistos os sinais de um verdadeiro arrependimento, ele manifesta uma mudança e uma correção de conduta suficientes para poder ser legitimamente dispensado da prisão perpétua pelo superior geral.

88. Quinta dúvida sobre o mesmo Estatuto: Sendo o monge libertado da prisão, como acaba de ser dito, o superior geral pode novamente torná-lo habilitado ao direito de sufrágio e aos cargos da Ordem?

89. Eu respondo negativamente. E eis a razão disso: Um tal monge permanece privado da faculdade de realizar os atos legítimos; ele permanece infame e, por conseguinte, irregular, como resulta daquilo que foi dito mais acima.

Ora, somente o Papa pode dar dispensa quanto à esta irregularidade, assim como provamos acima (nº 71).

90. Sexta dúvida concernente ao terceiro Estatuto, ou melhor, Texto, apresentado precedentemente (nº 76): Quando e como deve ser empregada a tortura pelo fogo com relação ao acusado do crime inominável?

91. Eu respondo: Embora a tortura pelo fogo seja agora repudiada por todos os tribunais seculares, entre nós ela deve – no entanto – ser rigorosamente empregada nesse caso. Se, com efeito, esta tortura é de todas a mais enérgica, não pode existir outra mais apropriada para a inquisição desse crime abominável entre todos: e nossa lei, que editou esta sanção pelo horror que inspira um crime tão infame, deve ser observada em todo o seu rigor.

92. Eu respondo, em segundo lugar: Quando existe contra o acusado indícios em quantidade suficiente para que ele seja torturado como sodomita, o juiz, a fim de arrancar dele a verdade, não pode recorrer a qualquer outro gênero de tortura que não seja o fogo. A razão disso é que o gênero ou a espécie de tortura correspondem, no texto onde ela está prescrita, à espécie dos delitos. Ora, a violência ou a duração da tortura dependem do maior ou menor valor dos indícios. Quando, portanto, existem contra o acusado do crime inominável indícios em quantidade suficiente para que seja empregada a tortura, é absolutamente necessário aplicar a tortura pelo fogo, sem todavia chegar até à duração máxima indicada no Texto (ou seja, dois *Miserere*), mas mais ou menos, segundo o valor dos indícios recolhidos nesse lapso de tempo.

Porém, já falamos o suficiente sobre esta vergonhosa iniquidade.

FIM

SUMÁRIO

DA SODOMIA

1. A sodomia é qualificada de *pecado mudo*. Por quê?
Ela atrai, no entanto, o castigo de Deus.

2. Regularmente, ela é o coito no orifício posterior.
Esse crime é cometido tanto com uma mulher quanto com
    um homem.

3. A perfeição desse crime é constituída pela ejaculação
    no orifício.

4. Segundo alguns autores, é uma espécie de homicídio.
A opinião de Marcos – de acordo com a qual o esperma é
    animado por uma alma racional – é condenada.
Doutrina de Platão contra esse vício.
Os filósofos, os césares e os nobres romanos da Antigui-
    dade conspurcados por esse vício.

5. A sodomia cometida com um parente, em um grau proi-
    bido para o casamento, muda de espécie?
Diferentes opiniões sobre esse assunto.
A opinião negativa prevalece. Por quê?
O incesto com um parente por aliança faz parte do direito
    positivo divino, quanto a algumas pessoas.
É possível, quanto a alguns graus, ser dispensado pelo
    papa.
Nenhuma lei canônica sanciona que a cópula sodomítica

com um parente seja incestuosa.

6. A sodomia, segundo alguns autores, foi inventada pelas
   mulheres.
A poetisa Safo desonrada por esse vício.
A sodomia das mulheres inventada por uma certa Filênis.

7. Nenhum dos moralistas relatou como esse crime pode
   ser cometido pelas mulheres: eis aí, no entanto, uma
   coisa que o confessor deve saber.

8. Para a sodomia, é necessário o coito no orifício natural.
Em que consiste o coito carnal.

9. Opinião de alguns sobre a sodomia das mulheres.

10. A opinião produzida é combatida.
A força de projeção do esperma feminino se detém no
   útero.
O esperma da mulher íncubo não pode entrar no orifício
   da súcubo.

11. Opinião de outros autores sobre a mesma matéria.
Alguns autores consideram que a sodomia das mulheres é
   aquela na qual uma mulher penetra em uma outra mulher por intermédio de um instrumento.

12. Tríbades: quais mulheres recebiam esse nome.

13. Esta opinião é refutada.
Prática de um homem para não engravidar a mulher com a
   qual ele fornicava.

14. Uma verdadeira sodomia existe entre as mulheres, mas que não é, todavia, ativamente possível para todas as mulheres.
As antigas romanas penetravam nos varões.

15. O clitóris, membro da mulher: de quais elementos ele é composto.

16. Na Etiópia e no Egito, o clitóris é notavelmente visível.
Na Europa, ele é visto mais raramente: em quais mulheres?

17. O clitóris pode irromper na juventude.
A súbita ereção do clitóris fez crer que algumas mulheres foram transformadas em homens.

18. As mulheres que se relata terem sido transformadas em homens e terem engendrado crianças eram hermafroditas.
Na mulher onde só o clitóris irrompe, a voz não se modifica e a barba não cresce.
Caso de uma freira sobre o qual Barbosa deu a sua opinião.

19. As mulheres dotadas de clitóris podem exercer a sodomia.
História de uma dama nobre penetrando em um rapaz.

20. Tibérius Decianus apoia nossa doutrina sobre o clitóris feminino.
Safo, a poetisa, abusava de suas servas.

21. Nova prova em favor da nossa opinião de que a mulher
comete a sodomia com os dois sexos.
História de uma freira na qual irrompeu o clitóris.

22. Quando as mulheres são culpadas de simples volúpia e
quando elas são culpadas de verdadeira sodomia?

23. Regra para os confessores, a fim de distinguir, nas
mulheres, a sodomia da simples volúpia.
O dedo não é um membro, mas parte de um membro.

24. A mulher acusada de sodomia deve ser examinada?
Se, na mulher, o clitóris é aparente, existe a presunção
de que ela cometeu o delito.

PROVA

25. A sodomia é um crime de direito misto.
Na Espanha, ela é da alçada dos inquisidores.
Ela tem conexão com a heresia.

26. O juiz – mesmo laico – pode, para esse crime, proceder
por inquisição.
A sodomia não prescreve jamais.

27. Ela é provada por presunções ou por conjecturas.
Indícios diversos provando que a sodomia foi cometida.
28. Os indícios só provam suficientemente o crime para
que se proceda à tortura ou para uma pena extraordinária.
Indícios indubitáveis, quais são?

29. É necessário examinar o corpo de delito e recorrer ao julgamento dos especialistas, em caso de ruptura proveniente desse crime.

Quando se trata de sodomia entre mulheres, é necessário examiná-las para saber se elas têm o clitóris.

30. Qual é o efeito do depoimento do sodomizado.

Não é possível dar fé ao cúmplice do crime.

31. Opinião segundo a qual o depoimento do violado é suficiente para a tortura.

32. Esta opinião é a verdadeira, desde que, ao depoimento do sodomizado, venham se juntar outros indícios ou começos de prova.

33. Duvida-se de que o depoimento do violado possa ser aceito sem que ele seja submetido à tortura.

34. O violado pela força não é infame.

Por conseguinte, seu depoimento deve ser admitido sem a tortura.

A violência não é presumida; portanto, a sua prova é da incumbência daquele que a alega.

35. Quando se trata de provar a sodomia, as testemunhas são ouvidas sem que a parte seja citada.

Na tortura pelo crime de sodomia, não existe nenhum privilégio pessoal.

A sodomia faz perder o privilégio de nobreza.

A sodomia é julgada como crime de lesa-majestade.

PENAS

36. No direito divino e no direito imperial, a pena dos sodomitas é o suplício derradeiro.

Os sodomitas devem ser pendurados na forca e queimados.

37. Opinião daqueles que querem que o ato tenha sido plenamente consumado para que a pena ordinária seja aplicada.

38. Opinião de acordo com a qual é suficiente que o sodomita tenha chegado ao momento em que a ejaculação está próxima.

39. Opinião de Raynaldus, segundo a qual a introdução do membro no ânus é um estupro.

A virgem é considerada violada se a membrana virginal é rompida pelo falo, mesmo que o esperma tenha sido lançado para fora.

A sodomia é perfeita, mesmo que a seminação ocorra fora do orifício.

40. Raynaldus é combatido.

O estupro comporta a ideia de um comércio ilícito qualquer com um ou o outro sexo.

41. O estupro da mulher virgem não pode ser comparado com o estupro da criança.

Segundo alguns, o marido pode – para se excitar – introduzir seu membro no orifício posterior de sua mulher, desde que não exista o perigo de que ele ajacule dentro dele.

42. Aquele que tem o hábito de introduzir seu membro no ânus, mesmo que não ejacule, deve ser punido como sodomita.

Se ele não tem este hábito e se ele ejacula fora do orifício, ele deve somente ser punido extraordinariamente.

43. A fraude não deve servir como defesa para o delinquente.

44. Aquele que introduziu seu pênis no ânus e que ejaculou para fora deve ser torturado, com base na intenção e na seminação que se seguiu.

45. Aquele que penetra numa mulher por trás não é, segundo alguns, culpado de sodomia.

46. No foro exterior, ele e a mulher são considerados como sodomitas e queimados como tais.

A sodomia é cometida execravelmente com uma cortesã e mais execravelmente com uma esposa.

É necessário considerar como mais grave a sodomia cometida com uma mulher do que com um homem.

47. A mulher que penetra em outra mulher ou em um homem deve ser queimada.

Na punição desse crime, não é admitida distinção entre o agente e o paciente.

Nos correlativos, aquilo que é estatuído para um é estatuído para o outro, com relação às penas, quando esses correlativos têm entre si relações uniformes.

48. Os sodomitas tornam-se infames, mesmo que eles sejam impúberes.
Eles não podem exercer o cargo de advogado.
Sua infâmia deve ser declarada pelo juiz.

49. Os bens dos sodomitas não são confiscados.

50. O número dos delinquentes na sodomia não deve de forma alguma impedir sua punição.
Por causa da multidão dos pecadores, as penas devem ser abrandadas.
Sobre esse crime, não é possível fazer nenhuma composição, e o culpado não pode ser indultado.

51. Aquele que é seduzido para praticar a sodomia, se não tiver outra forma de evitar ser forçado a isso, pode matar impunemente o sedutor.

52. O sodomita não pode ser testemunha.
Ele está incapacitado de receber benefícios.
Ele é obrigado à separação de leitos, como o adúltero.
Há impedimento para que ele contraia matrimônio.
E ele é excomungado.

53. Penas para o clérigo sodomita, no direito antigo e no direito novo.
A lei: quando ela é dita favorável?
Bula do Bem-aventurado Pio V contra os clérigos sodomitas.
Ela é favorável, portanto deve ser estendida.

54. Texto da Bula do Bem-aventurado Pio V.

55. Texto da segunda Bula do mesmo pontífice.

56. No tocante às ditas Bulas, os doutores imaginaram algumas sutilezas, através das quais é iludida a intenção do Soberano Pontífice.

57. As supracitadas Constituições, segundo alguns autores, dizem respeito somente aos clérigos que exercem a sodomia.
A palavra *exercer* traz consigo a ideia de frequência do ato.

58. Para incorrer nas penas das ditas Constituições, é requerida a cópula perfeita.

59. E o delito deve ser notório de fato, segundo alguns doutores.

60. As opiniões produzidas são combatidas.

61. A verbo *exercer* significa muitas coisas.
Em matéria penal, ele comporta a ideia de ato único.

62. É novamente provado que a palavra *exercer* comporta a ideia de ato único.
No foro laico, aquele que sodomizou uma única vez é queimado.
Na Constituição *Horrendum*, *exercer* comporta também a ideia de ato único.

63. A segunda Constituição do Bem-aventurado Pio é mais

severa do que a primeira.

64. Onde existe declaração do legislador, não é necessário discutir sobre os termos da lei.
Declaração de Gregório XIII, dizendo que a palavra *exercer*, empregada nas ditas Bulas, traz consigo a ideia
de frequência dos atos.

65. A declaração de Gregório XIII diz respeito somente
às penas espirituais.

66. Exposição das ideias de Navarrus e de Rodriguez.
O clérigo que exerce a sodomia é atingido por diversas
penas espirituais.
O clérigo sodomita, mesmo por um único ato, deve ser entregue à Cúria secular.

67. Os abusos de alguns tribunais não devem ser seguidos
pelos outros.

68. Aquele que está habituado a esse crime deve incorrer
nas penas da segunda Constituição, mesmo que ele ejacule fora do orifício.

69. Declaração papal instituindo que as penas das ditas
Constituições são para as duas jurisdições.

70. O clero sodomita oculto não incorre nas penas das supracitadas Constituições.

71. O monje que se tornou infame por causa desse crime
transforma-se em irregular.

Ele não pode ser dispensado nem pelo bispo e nem pelo prelado regular.

O prelado regular pode dar a dispensa, no caso em que esta irregularidade tenha sido cometida antes da entrada na religião.

Os prelados regulares podem dar a dispensa, para aqueles que entram na Ordem, de qualquer irregularidade, com exceção da bigamia e do homicídio voluntário.

72. As penas papais instituídas contra os clérigos sodomitas aplicam-se tanto aos passivos quanto aos ativos.

73. Os regulares devem observar suas próprias Constituições.

74. Primeiro Estatuto entre os Menores da Observância.

75. Segundo Estatuto.

76. O texto do título: *Da tortura*, § 2, é citado.

77. Primeira dúvida.

78. *Notare* ou *notari* significa: marcar ou ser marcado pela infâmia.

79. De quantas maneiras pode-se ser chamado de incriminado.

O Estatuto que se aplica àquele que é incriminado não se aplica àquele que faz confissões.

A confissão não é, propriamente falando, uma prova.

A constatação do fato induz-se da confissão.

80. Segunda dúvida.

81. O que quer dizer, aqui, a palavra *inteiramente?*

82. Flagelação grave: qual é?
Flagelação: por quem deve ser infligida?
Para a tortura dos religiosos, não é possível empregar os
leigos seculares, a não ser para o suplício da corda.

83. O fogo: porque ele deve ser empregado na tortura do
sodomita.
Através de que maneira devem ser produzidas as chamas
na tortura do réu, quando ele é religioso.

84. Terceira dúvida.

85. Penas estatutárias: quando elas podem ser aumentadas?
Nos delitos complicados, as penas devem ser aumentadas.
O religioso que tiver cometido um delito grave, cujo rumor
tiver se espalhado para fora do claustro, pode ser enviado para as galés.

86. Quarta dúvida.

87. A penitência do padre fornicador era de sete anos.
O religioso aprisionado por sodomia pode, após três anos
de louvável penitência, ser posto em liberdade.

88. Quinta dúvida.

89. O religioso condenado por sodomia não pode retomar nem o direito de sufrágio e nem os cargos da sua Ordem.

90. Sexta dúvida.

91. A tortura do fogo contra os sodomitas deve ser absolutamente empregada entre nós.

92. O religioso – com base na sodomia sobre a qual se tem alguns indícios – não deve ser torturado de outra maneira que não seja pelo fogo.